CW00555545

COLLECTION POÉSIE

CHRISTIAN BOBIN

La Présence pure

précédé de

L'Autre Visage

Lettre pourpre *et autres textes*

Mozart et la pluie

Un désordre
de pétales rouges

L'Équilibriste

et suivi de

Le Christ aux coquelicots

GALLIMARD

Lettre pourpre et autres textes, *publié en 1994 chez Brandes, rassemble les premiers textes publiés par Christian Bobin :*
Lettre pourpre *(1977),* Le feu des chambres *(1978),*
Le baiser de marbre noir *(1984),* Dame, roi, valet *(1987),*
tous parus chez Brandes.

L'AUTRE VISAGE

Chez nous on cache son visage. Le corps, pas d'importance. Le corps va nu sous le soleil, le blond soleil qui brûle le jour, qui brûle la nuit.

Car chez nous il n'y a pas de nuit. Ce qu'on appelle la nuit c'est par commodité, quand l'amour vient aux amoureux, quand deux corps se serrent l'un contre l'autre comme deux épis de blé sous le même vent. Quand deux amants mélangent leurs jambes, on dit qu'ils font la nuit. Une nuit privée, une petite nuit de rien du tout pour deux personnes, deux corps légers sous le soleil.

Même quand ils font la nuit, les amants ne se montrent pas le visage. Interdit. Intouchable. Impensable.

Aucun visage à découvert, jamais.

Les corps, la minutieuse contemplation des corps, des plis d'une peau, des frémissements d'un dos, des lumières d'une main, oui les corps remplissent à merveille cette fonction de connaissance que vous attribuez chez vous aux visages.

Autant vous le dire tout de suite : on ne vous envie pas. On ne vous envie pas du tout. On a lu vos livres. On a entendu vos prêtres et vos marchands. Nous ne trouvons rien d'enviable à votre état : visages sur les murs, visages sur les écrans, visages sur les journaux. Vous avez tout fait avec votre visage. Vous l'avez adoré, vous l'avez couvert de crachats. Vous en avez barbouillé vos miroirs, vous l'avez peint en or dans vos églises et il paraît même que vous l'avez couché sur votre monnaie. Oh comme nous vous plaignons.

Nous aussi nous avons nos prêtres, nos marchands et nos soldats. Nous ne sommes pas des sauvages. La différence c'est le visage. Multiplié chez vous, interdit chez nous. C'est une petite différence, si vous voulez. L'infini fait toujours une très petite différence.

L'infini est chez nous comme chez lui.

Dès la naissance le visage de l'enfant est recouvert d'un linge bleu. L'enfant grandit et le tissu grandit avec lui. Jamais il ne le quitte, jamais il ne l'enlève. C'est un état qui procure bien des avantages : les parents ne prennent pas leur orgueil dans le visage de leurs enfants. Les enfants ne trouvent pas leur souci dans le visage de leurs parents.

Ce qu'on ne peut voir, on peut l'écrire. Nous avons une abondante littérature, avec beaucoup d'histoires de visages nus comme l'eau de pluie, nus comme la mie du pain.

Le corps, non, ce n'est pas notre souci. Le corps n'a pas besoin de linge. Le corps chez nous est comme l'été chez vous : il donne rires et fraîcheur, jeux et repos. Le corps chez nous est comme un été qui ne s'en irait pas vers l'hiver. Passé un certain âge, nous ne vieillissons plus. Bras et jambes comme de l'eau. Seins comme des fleurs. Pas de rides, pas d'usure. wear (and tear)

Chez nous la mort vient par le visage. Elle vient par-dessous le linge bleu, comme tout le reste, comme les murmures de l'amour, les langueurs du songe. Chez nous la mort n'est pas d'une autre nature que l'amour ou le songe.

Quand la mort touche le visage, nous en sommes aussitôt informés par le changement du linge. De bleu il devient blanc. Le passage d'une teinte à l'autre peut prendre des mois. Le corps lui ne bouge pas — à peine une petite fièvre.

Nos mors sont mis dans une barque. Où va la barque sur le fleuve clair, nous l'ignorons. Seul peut savoir le grand passeur, celui dont nous ne savons rien, sinon qu'il est.

Il se tient à l'embouchure du fleuve. Avec une perche longue, très longue, il ramène la barque auprès de lui, sur la rive. Il se penche sur le mort encore tiède.

D'un geste vif il enlève le tissu blanc, découvrant notre vrai visage.

Le vrai, vous comprenez : pas un visage comme nous l'imaginions dans nos livres, comme nous l'espérions dans nos rêves, pas même le visage que nous aurions vu en soulevant, avant l'heure, le carré de ciel bleu.

Le vrai, l'autre visage.

Chez nous le mot amour ne se dit pas. Il tremble, il frissonne, il vole, il plane, il est partout dans l'air — mais personne ne le dit.

C'est que chez nous la parole n'est pas comme chez vous une partie du monde, une île déserte dans l'océan du silence. Chez nous la parole est plus que le monde, plus que le ciel et le soleil. Elle est comme un petit morceau de Dieu, coincé entre les dents. On ne l'en déloge qu'avec prudence, et seulement pour les grandes occasions.

Quand l'un d'entre nous est atteint de langueur, il va chez son ami, c'est-à-dire chez le premier venu, car tous ici sont frères et sœurs. Il emmène avec lui une chaise de paille. Il s'assied à côté de son frère ou de sa sœur, il reste là sans dire un mot, le temps d'un jour, le temps d'une nuit, le temps d'un soleil et puis d'un autre soleil, jusqu'à ce que la langueur s'en soit allée de lui. Alors il se lève, ramasse sa chaise de paille et s'en retourne à ses affaires.

Le mot amour, il faudrait un événement considérable pour qu'il vienne une seule fois à nos lèvres — et cela ne présagerait rien de bon.

Des savants ont écrit que, moins un mot était prononcé, plus il se faisait entendre, car, assuraient-ils,

Ce qui ne peut danser au bord des lèvres
— s'en va hurler au fond de l'âme

Peut-être.

Des religieux ont écrit aussi que le silence où dort le mot amour était en nous comme un reste de paradis, un vestige de ce temps où les choses brillaient de n'être pas encore nommées, où l'ombre d'un nom ne couvrait pas encore l'éclat des choses.

Peut-être.

Un poète a écrit : *Qui appelle son amour s'apprête à le tuer*

Peut-être, peut-être, peut-être. Nous sommes d'accord avec ces théories et nous accueillons bien volontiers leurs contraires. Nous sommes gens très tolérants avec les idées. Nous les rangeons dans les livres, et nous rangeons les livres dans nos bibliothèques. Nous n'accordons tous nos soins qu'à la vie, au bel oiseau de vie. Les idées ne nous dérangent pas plus que les oiseaux empaillés. Nous laissons ceux qui le souhaitent en faire la collection. C'est une manie bien innocente.

Bien sûr on a beaucoup écrit, beaucoup fait pleuvoir le mot amour sur le doux papier blanc. Bien sûr. Écrire n'est pas dire, comme vous le savez.

C'était il y a longtemps. Une pluie de livres, un vrai déluge.

Depuis on a cessé. Depuis on a compris : pour bien écrire le mot amour, il y faudrait plus d'encre qu'il n'y a au monde.

Chez nous pas de prison. Nous avons, comme vous, nos assassins. Ils ne sont pas très nombreux, mais quand même, ils sont là. Mais de prison, aucune.

Les pierres qui recouvrent nos chemins sont tranquilles. Elles savent que jamais nous ne leur ferons l'injure de les serrer l'une contre l'autre dans des hauts murs, pour séparer le jour de la nuit, l'homme de son frère.

Je vous vois sourire. C'est le sourire de qui croit bien entendre et n'entend rien. Vous vous demandez ce que nous faisons de nos assassins, puisque nous ne les enfermons pas.

Nous ne sommes pas des insensés. Nous savons que le tigre et l'agneau ne peuvent dormir dans le même pré. Là n'est pas la question. Il est dans la nature du tigre d'être tigre. Il est dans la nature de l'agneau d'être agneau. Mais il n'est pas dans la nature de l'assassin d'être assassin.

Celui qui donne la mort, c'est qu'il est déjà mort. Celui qui tue, c'est par manque d'air.

Ceux qui font le mal, nous les appelons des « malrespirants ».

Car chez nous tout est respiration, allée et venue de l'air dans la gorge, de Dieu dans l'air, du monde dans Dieu, échanges incessants, ondes continuelles, flux et reflux.

Nous ne punissons pas le criminel, nous l'aidons à rétablir en lui sa respiration naturelle.

Nous emmenons nos assassins dans la forêt. Nous leur demandons de prêter attention au bavardage des feuilles, à la récitation des sources et aux sentences du vent. Nous leur demandons de prendre leur temps, de ne rien oublier et de nous retrouver ensuite dans la clairière, pour tout nous raconter.

À leur retour, nous leur disons ceci : enfoncez-vous plus loin dans la forêt, là où le vert devient noir. Fermez les yeux. Écoutez ce qui, en vous, est comme la feuille, comme la source, comme le vent.

Cette période-là est la plus longue.

Au bout de quelques mois le premier revient et commence à chanter, dans le milieu de la clairière.

Car chez nous le chant est remède, le chant est lumière, le chant est vérité, pure respiration du vrai dans le vrai, de l'esprit dans l'esprit, du cœur dans le cœur.

Quand la voix de celui-là s'envole jusqu'au ciel, imposant le silence aux oiseaux alentour, alors nous savons qu'il est guéri, et bien guéri : plus de pierre sur le souffle, plus de cendre sur l'âme.

Bien sûr il y a des échecs. Certains s'égarent dans la forêt, ou en reviennent avec une voix de fauve.

Cela nous l'acceptons. Nous ne cherchons pas, comme vous, à séparer le pur de l'impur. Nous savons qu'ils seront toujours un peu mélangés.

Nous ne sommes pas des anges — comme vous.

Chez nous peu, très peu d'Histoire.

Nous avons eu nos rois. Ils se sont couronnés. Ils se sont jalousés, ils se sont entre-tués. Au bout de plusieurs siècles ils ont disparu sans plus laisser de trace que la poussière soulevée par les sabots de leurs chevaux.

Il arrive qu'un paysan brise le soc de sa charrue sur un de leurs tombeaux. Il déterre les bijoux de métal jaune et les squelettes d'os blanc. Il les jette un peu plus loin, puis revient à son travail, à peine contrarié par ce retard.

Après les rois nous avons eu des prêtres. Ils ont joint leurs mains fines. Ils nous ont bénis, puis ils nous ont maudits. Au bout de plusieurs siècles ils ont disparu sans plus peser sur notre mémoire que le frisson de leurs prières.

Il arrive qu'un enfant déniche la statue d'un ange ou d'un diable, près d'une source. Il l'apporte chez lui, la montre à ses amis. On fait offrande au dieu de quelques jouets, on lui récite quelques comptines. Puis on se lasse. On jette le diable au fond d'un trou, on oublie l'ange dans un grenier.

Après les prêtres, les soldats. Ils nous ont donné des habits neufs et du vieux pain. Ils nous ont mis en rang par deux, par trois, par quatre, puis ils sont partis faire la guerre à d'autres soldats, dans d'autres pays, et nous ne les avons jamais revus.

Ensuite les professeurs. Ils nous ont fait asseoir et ils nous ont parlé. Un jour ils s'en sont allés et leur départ n'a pas fait plus de bruit que leur parole — un bruit de chaises.

Il y en a eu d'autres. Nous avons oublié leurs noms, leurs visages et leurs manies. Aujourd'hui encore quelqu'un prétend nous gouverner — nous ne savons qui.

La voix du maître est voix du faible : trop loin pour qu'on l'entende.

La main du maître est main du mort : trop noire pour qu'on la serre.

Chez nous pas de sagesse, pas de folie.

Innombrables les sentences de vos sages, inépuisables les proverbes de vos fous.

Sur les lèvres de nos sages, rien qu'un sourire, une fleur de sourire, une neige de sourire — et dans les yeux de nos fous, même sourire, même fraîcheur.

Car nos sages et nos fous, ce sont les mêmes.

Nous avons écouté vos sages et nous les avons trouvés fatigués. Nous avons regardé vos fous et nous les avons trouvés tristes.

Tristesse et fatigue : un seul manteau, avec son envers, avec son endroit.

Tristesse — la fatigue qui entre dans l'âme.

Fatigue — la tristesse qui entre dans la chair.

La fatigue va en vous d'un pas léger, comme la jeune fille qui rentre après minuit dans la maison de ses parents : lorsque vous vous apercevez de sa présence, il est déjà trop tard, elle a déjà fait son lit dans votre cœur, elle a déjà serré votre pensée à l'amertume, comme la corde à son pendu.

Vos enfants ignorent cette fatigue. Il semble qu'elle ne vienne en vous qu'avec l'âge, nouée au chagrin comme le lierre à son arbre.

Nos saints ne font pas de miracles. Ils ne marchent pas sur le feu, ils ne commandent pas aux montagnes, ils ne tutoient pas le vent. Nos saints font mieux, bien mieux que des miracles : ils guérissent du chagrin, ils effacent toute lassitude.

Nous venons boire la joie limpide dans le creux de leurs mains.

Ni sentences, ni proverbes. Joie seulement, sourire seulement. Joie reposant dans sourire, sourire reposant dans joie.

Car chez nous point n'est besoin de mots : un sourire suffit — la rosée d'un sourire sur l'herbe d'un silence.

Car chez nous le contraire de la folie ce n'est pas la sagesse, mais la joie.

Légèreté est notre loi.

La légèreté vous ne l'aimez ni dans la parole, ni dans le sang, ni dans rien. Partout vous la chassez d'un froncement de sourcils comme une vache balaye de sa queue une mouche importune.

Revenons aux choses sérieuses, dites-vous, revenons à ces choses qui, pour être sérieuses, ne peuvent être que sévères.

Pour la vérité vous avez la morale. Pour l'amour vous avez la raison. Pour le chant vous avez la cage. Pour toutes choses vous avez la pesanteur nécessaire, l'ombre suffisante.

La pesanteur est votre toit, la pesanteur est votre chaise.

Nous avons mis du temps, nous avons mis beaucoup de temps avant d'atteindre au plus léger.

Les berceaux nous ont appris — si peu de souffle, tant de fraîcheur.

Les tombes nous ont appris — tellement de marbre sur tant de vide.

Légèreté est notre dieu.

Nous sommes ici et notre dieu est là-bas. Chacun espérant que l'autre fera le chemin et personne ne bougeant. Nous regardons notre dieu, il nous regarde, chacun mesurant l'abîme qui le sépare de l'autre — un abîme si léger qu'un enfant le franchit à pieds joints.

Chez nous pas de Bien, pas de Mal.

Le Bien c'est un tabouret que vous glissez dessous vos pieds, pour vous élever.

Le Mal c'est une hache que vous serrez entre vos mains, pour séparer, pour simplifier en séparant.

Chez nous, pas de tabouret ni de hache : vitesse seulement, lenteur seulement.

Vitesse et lenteur donnent la mesure de toutes choses. Vitesse et lenteur suffisent à tout.

La vitesse peut être parfois bonne, parfois mauvaise. La lenteur peut dire le vrai comme elle peut dire le faux. Cela dépend. Pour chaque chose et pour chaque geste, cela dépend.

Bonne vitesse — la course du rire dans les yeux de l'enfant.

Bonne lenteur — la croissance du brin d'herbe sous la neige.

Mauvaise vitesse — l'éclair de l'envie sous le feuillage de l'âme.

Mauvaise lenteur — la taupe d'une douleur dans les jardins du sang.

Chez vous la vitesse est donnée par l'argent. C'est une vitesse bien plus grande que celle de la lumière. C'est la vitesse de l'ombre. Elle est chez vous souveraine.

Chez nous chaque vie a son allure, son rythme propre qu'elle cherche au long des jours. La plupart hésitent, tâtonnent, trébuchent. Ils cherchent dans les livres, ils cherchent auprès d'une femme, ils cherchent auprès d'un dieu, partout ils cherchent ce qui n'est qu'en eux-mêmes, cette alliance de douceur et de force, cette cadence la plus profonde de l'âme, ce mélange le plus secret de l'eau de la lenteur avec le vin de la vitesse.

Un seul rythme est partagé par tous, celui de l'amour à son aurore. Car dans l'amour il n'y a ni lenteur ni vitesse, ni mouvement ni repos, ni Bien ni Mal.

Car dans l'amour à son envol il n'y a rien que l'amour — grand aigle du songe qui plane et fond d'un seul coup sur la brebis du sang.

Chez nous pas de montre ni d'horloge.

Le temps qui passe a la beauté pour unique preuve — la beauté ou la douleur, tant il est vrai que nous n'avons jamais su démêler l'une de l'autre, tant il est vrai que beauté et douleur sont dans nos âmes comme les deux aiguilles de vos montres, quand elles se superposent.

Le temps chez nous est comme de l'eau. L'éternité chez nous est comme de l'eau. Le cœur chez nous est comme de l'eau. Le temps, le cœur et l'éternel mélangent leurs eaux partout dans le monde comme beauté, dans le monde comme douleur.

Vous avez d'abord cru que l'éternité était un miroir. Vous avez longtemps cherché à vous y reconnaître, en vain. Vous avez accusé le miroir, vous lui avez jeté une pierre, puis deux, puis trois, jusqu'à ce qu'il se brise en mille morceaux — mille secondes, mille minutes, mille heures.

Votre cœur était comme le miroir. Maintenant il est comme vos montres. Il ne chante plus la lumière. Il compte les ombres.

Vous êtes pressés. Vous êtes essoufflés. Vous vous agitez dans tout ce que vous faites comme le dormeur au fond du lit.

Chez vous le temps s'entasse — et puis se fane.

Chez nous le temps se perd — et puis fleurit.

Attendre, c'est ce que nous savons faire de mieux, l'art suprême auquel tous ici s'exercent, enfants comme vieillards, hommes comme femmes, pierres comme plantes.

Caravane de l'attente avec ses deux chameaux, solitude et silence.

Fier navire de l'attente avec ses deux grandes voiles, solitude et silence.

Celui qui attend est comme un arbre avec ses deux oiseaux, solitude et silence. Il ne commande pas à son attente. Il bouge au gré du vent, docile à ce qui s'approche, souriant à ce qui s'éloigne.

Celui qui attend, nous l'appelons le « tout comblé » — car dans l'attente le commencement est comme la fin, la fleur est comme le fruit, le temps comme l'éternel.

La vérité chez vous est dans les chiffres, dans les raisons et dans les preuves. La vérité chez vous est dans le monde, devant vous, comme le paysage devant le promeneur, comme l'horizon devant le marin.

Chez nous la vérité n'est rien de semblable. Elle ne brille pas dans les lointains. Elle chante dans le proche. Elle n'est pas au bout du chemin, elle est le chemin même. Elle n'est pas en face, mais au milieu de nous.

Nous sommes dans la vérité comme des enfants dans l'eau profonde. Ils plongent, disparaissent et reviennent, une herbe entre les mains, une devinette aux lèvres :

Qui nous connaît mieux qu'une mère ? La mort.

D'où vient le vent ? D'un livre ancien qu'on a oublié de refermer.

À quoi reconnaît-on la parole juste ? À son silence.

Qu'est-ce que la neige ? Un peu de froid, beaucoup d'enfance.

Qui danse jusqu'à l'aube ? L'étoile.

Qui marche en effaçant ses pas ? La bonté.

Qu'est-ce qui distingue les anges de nous ? Leur très grand naturel.

Comment s'appelle le chien qui mord son maître ? La gloire.

Qui rit après sa mort ? La pluie dans le feuillage.

Qui mange dans notre main ? L'espoir.

Qui ne vient chez nous qu'en notre absence ? L'amour.

Qui a la fièvre sans jamais être malade ? Le temps.

Qui essuie la lumière avec un chiffon sale ? La folie.

Qui entre sans qu'on l'invite, et sort sans qu'on la chasse ? La vie.

Ainsi allons-nous dans la vérité, comme un enfant va dans ses jeux : perdant, gagnant. Gagnant, perdant. Et toujours prêt à dire, et toujours prêt à jouer.

Car si chez vous la vérité est un vieillard, chez nous c'est un enfant.

Et maintenant.

Et maintenant nous allons disparaître : c'est la nouvelle de notre mort que nous voyons briller dans vos yeux, frémir à vos lèvres.

Vous êtes seul mais avec vous des millions sont là, qui vous ressemblent. Vous êtes seul mais vous n'êtes pas unique. Vous n'êtes que le premier de millions qui viendront à votre suite, effacer nos chemins sous le tumulte de leurs pas.

Vous amenez avec vous le désir, l'or et l'envie. Nous savons que nous n'y résisterons pas. Personne ne sait résister au grand soleil de l'or, au fin couteau de l'envie, au vin lourd du désir. Personne n'a jamais su vous résister.

Vos paroles sont douces. Vos mains sont ouvertes. Vous dites que vous venez nous aider. Nous avons toujours craint ceux qui parlaient comme vous. Celui qui nous veut du mal est comme un loup : un feu suffit à l'écarter. Celui qui nous veut du bien est comme un frère. Son bien n'est pas le nôtre. Il nous le fait manger à notre insu dans le pain du partage.

Entrez. Allez où bon vous semble. Nous ne ferons rien pour retarder votre marche.

C'est un dernier secret que nous vous confions, c'est le plus grand secret que nous remettons entre vos mains avides : ce qui veut nous anéantir est en réalité ce qui nous est le plus favorable. C'est en n'y résistant pas que nous y découvrons la meilleure part de nous-mêmes — celle qui, pour nous sauver, doit commencer par nous perdre.

Entrez. Prenez ce qui vous enchante et détruisez le reste.

À la fin, à la fin des fins, restera l'indestructible, le trop léger pour mourir, le trop fin pour brûler.

Autour de cela nous nous retrouverons, vous et nous.

Ensemble.

LETTRE POURPRE

et autres textes

Lettre pourpre

Tu me demandes souvent si j'écris toujours.

Et je ne sais que répondre sinon que le froid du papier se double d'un feu immobile : ainsi cette boule de nuage que je presse contre ma joue, qui en brûle les chairs.

Qu'il n'est pas d'écrivain qui tienne, que des bonshommes de neige, quand l'un regarde l'autre, il se voit dedans, leurs pieds sont d'argile et de chiffons, ils naissent en marchant et meurent en courant. Ni leurs amours fondent, ni leurs détresses, livres suspendus en l'air, battant des ailes, pauvres anges dont le désir se laisse voir en filigrane…

Que des Pierrot, qui font une pirouette, puis transpercent le cercle tendu de blanc, enflammé, le rond de papier à lettres, le déchirant en rosaces, puis s'effondrent dans le soleil de leur costume, troués de noir, comme s'ils fanaient instantanément, demeurant là, inertes sur la sciure humide des jours.

Lentement ensevelis sous la neige poudreuse des berceaux, des piles de draps dans les armoires, du lait lunaire dans le bocal du cerveau, des cartes de visite, toutes lettres bues, ayant sombré sous la surface de sucre glacé, des bonbonnières en porcelaine, de la voie lactée des cheveux, des marbrures aux bras. Dévorés par cette blancheur d'absence dont ils firent grande consommation…

Dès l'enfance déjà : penchés sur leur pupitre, amoureusement appliqués, tirant la langue et récitant à marée haute : *Vous avez fait une promenade à la campagne dimanche. Racontez. Votre vie s'enfuit par vos lèvres, un tournesol pourrit au travers de votre gorge et depuis c'est la nuit. Racontez.*

Oui, j'écris encore : tant que l'hiver sera là et que j'y verrai, imprimé blanc sur blanc, le désir fascinant de donner, de se donner absolument. Mots venus en excès, fruits d'or pour un rêve de bouche.

Car cela seul importe :

Ne plus tenir que le langage de ces femmes qui, par tendresse d'attention, recueillent le monde au creux de leurs mains bleues, ultime flocon.

Ces mères qui parfois se lèvent, d'une main retiennent leur visage qui fait eau de toutes parts, de l'autre tendent à leur enfant un miroir de givre, disant :

Tu es Ceci. *Ton Nom est plusieurs*, ton corps est dans l'ordre des choses et la nature des villes.

Ces Dames de Vie qui embrassent leur petit dans la nuit de leurs bras, hurlant en secret : je t'aime trop.

Entends-tu la justesse de ce cri, que juste assez est bien trop peu ?

Je me sens si pauvre, à vivre ainsi de la vie élémentaire des cristaux, des buées de films muets : poursuites, morts, amours, faims, soifs, rires, me débattant dans un hiver de langage, assailli par la grêle du piano d'accompagnement, comme basculant indéfiniment dans le vide, désorienté, pris dans une balle de neige ardente.

Si tu savais... lorsque des chirurgiens au visage de pluie me forcent le cœur, une nuée de fins mouchoirs de glace s'en échappe, se déchirant doucement à la lumière du jour, brûlés en dentelles par les infra-rouges de l'exil :

Peut-être alors est-il bon qu'un enfant me devance et m'appelle, celui que je serai, qu'il me prête un miroir, à moi qui ne suis qu'une image, enfant courant sur une plage de mots, puis sur l'eau, qui n'est pas bleue, allant jusqu'à l'horizon, et, comme la terre est plate, s'évanouissant dans un vertige d'inconnu.

Sinon, des choses m'arrivent, que j'accueille tant bien que mal. J'irai dans quelques jours dans une demeure humide, où, des travailleurs d'âme, aux gestes ralentis, traquent la mélancolie, par bouffées, par petits nuages aux becs noirs de leurs scalpels, où de pauvres gens, rompus dans une avalanche, assistent immobiles à la tombée de la neige, dans leur crâne, sous leur peau…

Est-ce si loin de l'écriture ?

Je t'embrasse.

P.S. : Mets-tu toujours ton écharpe mauve avant de sortir, celle brodée d'algues et de lune ?

Le feu des chambres

C'est toujours la nuit dans les livres et le visage du lecteur s'en ressent quand il entre en rêverie, dissolvant le peu de corps que le monde alors réclame, le peu de lumière vacillante qui persiste encore, quand il pénètre tout entier, par cercles, dans l'eau noire d'un lac, descendant continûment les marches lourdes d'un escalier invisible, bien au-delà de tout rappel d'être, de toute reprise possible alors que vous savez pertinemment qu'il n'y aura plus de lendemain, de retour d'aube, que les mots qui reposent au fond de cette encre sont plus lisses que des galets, qu'ils ont la rondeur et le tranchant des pierres sacrificielles, de celles qui ouvrent le front en étoile, qui accomplissent cet étrange meurtre, cette blessure croisée qui indique un point hors du langage, où parler devient se taire et se taire parler, où les mots de l'amour sont l'amour même et non plus son appel, et non plus sa demande.

Encore dans les livres à cette heure-ci, mais tu vas t'user les yeux et le cœur, comment feras-tu pour te lever demain ?

Enfant, j'ai vu autour de moi des gens disparaître, condamnés pour n'avoir pas su retenir à leurs lèvres cette parole vive, qui dès lors coulait doucement hors de leurs veines, les prenant à la gorge, aux poumons, au ventre.

Ils n'apparaissent plus sur les photographies, là où ils auraient dû être il n'y avait qu'une tache aveugle, et vous ne saviez pas qui avait tremblé, d'eux ou du photographe. Ils ne possédaient plus leur image dans les miroirs ; souvent ils faisaient le geste de la fixer, n'ayant plus sur les doigts qu'une poudre rouge, comme ces papillons d'Amérique du Sud, quand vous prétendez les saisir au vol et qu'ils s'émiettent, partent en soufre, en grains, en bruits.

Ils marchaient d'abord plus lentement, ajournant tous leurs rendez-vous, prétextant une fièvre soudaine, une douleur blanche ; et de fait une pâleur les tenait, comme s'ils étaient pris dans un étonnement sans réponse, ils souffraient d'une lumière rentrée, captive, qui leur faisait craindre le jour et fermer leurs fenêtres dès le petit matin.

Rien ne trahissait leur absence, sinon cette pétrification de leur main droite, jaunie, recroquevillée sur une prise impossible, entourée de bandelettes grises, comme cet homme à la main de parchemin dont il est dit chez Jean que le Christ le guérit, par une parole inaudible, comme en passant…

Les saisons ne revenaient plus que par habitude, drainant des nuages noirs, d'un noir carbone, surchargé d'une mauvaise écriture, et multiples les ratures, les rajouts, les trous de gomme et les traces de doigts. Ils me disaient alors, comme s'excusant

le sommeil, peut-être

gagnant la pièce voisine, luttant une nuit entière, sentant l'approche du silence qui remplissait de verre tous leurs membres, l'approche des grands lévriers de lune qui venaient boire leur âme, jusqu'à la dernière larme.

Leur chambre était close par l'oubli et la pudeur, je ne passais plus devant qu'en baissant ma voix et cassant mes rires, jusqu'à ce que des inconnus, curiosité ou simple étourderie, poussent la porte, ne voyant qu'une seconde, sur le bureau près de la fenêtre aveugle, l'ombre dépliée d'une main sur une cendre de papier : formes disparaissant à la vue, détruites par l'humidité et le vent du dehors, éternités passagères…

Et je prenais possession de cet endroit, maladroitement, mes mots se cognant à des voix anciennes. Je ne faisais encore rien de précis, marchant de la porte à la fenêtre, sans énervement, comme font les prisonniers, ceux que tient une attente sans objet.

J'ouvrais un livre par désœuvrement, regardant une page sans la lire, fasciné par ce qui subsistait dessous le sens, ces carcasses brûlées des lettres, ces éclats de charbon où trébuchait le regard. De quel embrasement, de quelle extraction provenait l'écriture ?

De quelle destruction ? Je me souvenais du tout premier livre : l'histoire du petit Hans qui pour préserver un village de l'engloutissement, couvrait de sa main la faille d'un barrage : entre les chaumières rondes et les tonnes de feu liquide, plus qu'un enfant, arc-bouté, héroïque. Tenant bon, sous une pluie de lettres noires et blanches…

Enfin je m'asseyais, désireux de reprendre cette cicatrice oubliée qui m'était laissée en héritage, qu'il me fallait guérir en une plaie franche, neuve.

Des hirondelles traversaient la pièce, elles avaient une tache de lait sur la gorge.

Écrire faisait à chaque fois se lever un cortège de buée, des doublures de papier et d'écume qui se pressaient anxieusement autour de ma table, se poussant du coude, attendant leur tour d'être nommées, petites marraines d'outre-vie que parfois un livre heureux faisait jaillir de sa boîte, mes compagnes d'exil.

Leurs corps de miel et d'air baignent dans les rumeurs d'une saison tempérée et des roses noires flottent au creux de leurs mains.

Elles m'arrivent armées de leurs gestes du dimanche, cette façon qu'elles ont de ramener en arrière leurs cheveux, d'un éclair vif de la tête : comme pour revenir sur terre. Ou en repartir.

Elles sont dentellières claires obscures, diseuses d'une lumière qu'elles roulent en boule, qu'elles lancent dans les maisons et qui ressort par les yeux des habitants, argentières, fileuses d'intemporel.

Sous le sein gauche, elles ont une plaie, béante, une poudre s'en échappe à chaque respiration, une poche de suie, elles s'en inquiètent, précipitent leurs mouvements, bourrent la blessure de linges de miroirs, s'aperçoivent qu'en pressant un peu elles pourraient y enfoncer toute la main, alors elles s'affolent, déchirent mes livres, en font des moineaux, des nénuphars de papier bouffe, de toile et de colle, tournent en rond, parlant à voix basse, on dirait une supplique malhabile, ou une chanson enfantine, accrochent des fragments d'étoiles qui ne retombent pas, plus.

Je leur dois de vivre, d'extrême justesse et de totale beauté, elles me font partager ce privilège inouï d'être hors jeu et hors monde.

D'elles je tiens mon peu de savoir : qu'il ne suffit pas de vivre pour vivre encore, que l'Amour précède la rencontre des amants, que dans le ventre des aveugles il y a une pierre, que la nuit depuis toujours se découd par endroits, comme cette icône, priée par mille bougies, quand la dévore de l'intérieur le sourire mauve de l'enfant-roi.

Elles me parlent aussi longuement de la sagesse des enfants, lorsqu'ils trichent à la marelle pour éviter l'enfer, qu'ils ne font alors que retrouver l'instinct des oiseaux.

Les oiseaux qui inventent le ciel. Pour éviter le vertige. La chute.

Les oiseaux qui gardent toujours un désir antérieur au monde : le désir de n'être rien. Ce rien des cailloux de plumes et de sang mêlés que pas même le vent ne bouscule. Ce papier froissé d'os et de cornes, contre une palissade, derrière un mur.

Les oiseaux qui gardent toujours un désir postérieur au monde : le désir de ne plus être, d'être au-delà. Et lorsqu'ils désobéissent à la vitesse de la lumière, ils ouvrent des trous d'air et ruissellent dans le noir, semant des pétales sur l'empreinte de leurs pattes. Leurs compagnes les retirent et leur font un enterrement de martyrs : couchés dans un suaire de fèves bleues, ajouré d'échelles d'or. Un cortège de moineaux fredonne une chanson anonyme du treizième siècle. Puis les corps sont basculés dans les fosses à soleils.

. . . .

Femmes aux becs de cuivre, aux ailes de soie, qui disparaissent sous la poussée d'une mauvaise nouvelle car il me manque toujours une minute pour atteindre l'éternité, je veux dire la vie juste et bonne. Et bientôt leur conversation est encombrée d'une poussière bleue, traversée comme en pleine nuit par des visages de cendres, sévères, sans yeux et sans lèvres.

Leurs mots s'effritent à leur langue comme l'oubli dans leur vie. Des phrases entières tombent en ruine, des touristes viennent les visiter. Sous le plâtre des pages, les gravats d'alphabets, une voix lentement tombe

ne prends pas froid

ce peu de grains au fond du tamis, cette provision d'avenir que personne ne recueillera, ces mouettes qui ont un sachet de tilleul à la place du cœur, qui serrent les fleurs de si près qu'elles en ramassent toute la rosée et de loin on dirait des larmes et pour quoi pour qui, ces oiseaux décapités en frontière de jour et de nuit, ces œufs de lumière dans la paille des fenêtres et ces milliers de femmes qui écrivent la même lettre en même temps chaque soir :

Il disait qu'il ne voulait m'aimer que sur une plage blanche, qu'il savait un soleil froid et tant d'autres choses dont je ne me souviens plus.

Je l'ai revu à une frontière. Il m'a parlé d'un livre qu'il lirait peut-être, de ces pages où il n'irait jamais, de ces maisons qu'il rencontrait, au détour d'un silence : une conversation sauvage les recouvrait, des insectes circulant de mot à mot, de mauvaises phrases.

Il vivait alors dans une ville d'eau dont tous les habitants mouraient avec modestie, pliant soigneusement leurs cris sur une chaise, avant de s'allonger sur un nuage rouge.

Certains travaillaient la même miniature à l'encre de Chine, sur un coin de table, et s'envolaient dès que vous leur posiez la moindre question. Vous n'y pensiez plus et, quelques jours après, vous vous sentiez fautifs, mais de quoi au juste ?

D'autres greffaient un arbre nain avec des outils minuscules, grattant la terre autour avec tendre patience, exécutant un travail humble mais qui existait, honnête, clair. S'interrompant de temps en temps pour écouter passer une automobile, bavarder avec le voisin par-dessus la haie, regarder le fil bleu d'une palombe recoudre les deux moitiés du ciel.

Il se levait tard, allumant une première cigarette qu'il laissait se dévider en petits rouleaux de cendres, absent jusqu'au point de brûlure.

Elle venait le voir vers les huit heures, l'emmener dans cette campagne qu'il aimait tant : ils parlaient peu, des régions nouvelles s'offraient à eux, les murmures des branches, la fuite affolée d'un écureuil, tout et rien vibrait en eux longuement, comme s'il se fut agi d'événements physiques, de leur sang, quelque part près des lèvres.

Parfois ils ne rentraient pas pour le dîner.

Un soir il tomba malade. Elle lui fit du thé à l'orange, lui racontant pour l'apaiser des histoires de cavaliers d'argent, de vieillards en pain d'épice, de flèches empoisonnées, qui se passaient en Asie, parce que c'était loin. Parce qu'il était si loin.

Il s'épuisait dans la plus haute et froide chambre de lui-même, dans une demeure dont chaque année un étage s'enfonçait dans le sol, sans retour.

Il avait ce visage d'enfant, que fait le désespoir, ou l'air d'ici. La nuit, il roulait son cœur en boule, de crainte d'être volé.

Il ne m'a pas embrassée.

Milliers de femmes qui veillent, assises en chat sur des feuilles d'oiseaux morts, regardant surgir de rien des créatures étranges, des rôdeurs de papier qui les prennent à la taille puis repartent, légers, en quête de l'ombre blonde et sucrée, qu'ils enlacèrent un soir, dont ils épousèrent la forme, hanche d'émeraudes dont ils firent collier et que le matin vola, effrayants, comme effrayent les mendiants qui refusent tout argent, comme effrayent les gueux qui n'ont plus qu'un seul doigt à la main gauche, plus qu'une seule idée, qu'une seule hâte, qu'un seul désir.

Leurs mains vous sont acquises, cueillez-les, quand elles faneront en poings, lancez-les contre un mur, vous verrez, c'est joli, quand elles cassent comme du verre, et toute cette encre, à leurs veines.

Cette vague verte, dans leurs yeux, ce germe d'une vision terrible, c'est une retenue d'éternité, le point où s'inversent les images d'un autre monde, avant de s'imprimer dans les chairs d'un livre qu'ils planteront un jour en terre, enfoui, profond.

Pour qu'il leur survienne un arbre dont chaque fleur sera un sourire, une mousse de sourires, un banc de mots et de lèvres charitables.

Le baiser de marbre noir

On écrit. Pourquoi, on ne saurait dire. Une habitude, une manie. Plusieurs manuscrits. Le deuxième s'appelle *L'eau des miroirs*. Il s'ouvre par un suicide. Hémorragie des mots, des images. L'écriture proprement dite ne vient qu'après ces récits, longtemps après : la maîtrise du silence, l'inventaire minutieux et comme impersonnel des lumières dans les arbres, sur la terre, dans un ciel. L'effacement. Les premiers manuscrits, sans doute étaient-ils nécessaires. Sans doute. Mais l'impatience et la volonté naïve qui présidaient à leur écriture les discréditaient à l'avance. Ils auront toujours été ainsi : dans les limbes.

Trop riches, trop encombrés pour accéder à la souveraineté du jour.

Il ne restait plus qu'à les brûler, qu'à les donner ici ou là, en demandant qu'on les perde, qu'on les oublie quelque part. Les enterrer au fond du jardin. Cependant, comme un remords : la nostalgie de ce qui n'a pas eu lieu. Dans *L'eau des miroirs*, quelques pages, intercalées entre chaque chapitre. Insistantes. Longtemps après irriguées par une encre encore fraîche, claire. Des phrases pouvant être lues indépendamment de tout. Des marques. Des pierres sur le sol. Elles témoignent de jours lointains. Dans leur lumière, dans le centre des mots, une zone opaque, dure, plombée. Désir aujourd'hui de sauver ces signes des jours d'épreuve : jours entre tous bénis.

Ma main, regarde, elle est sans peau, elle est sans os, elle continue à me fouiller, elle continue à te chercher, dans le sable qui est dans le sang, dans la nuit qui est dans la nuit, sous les ronces, les fers, les lames, les verres. Quand je te verrai, j'arrêterai de mourir comme on arrête de vivre. Mes membres seront noirs et blancs. Ils seront en repos sous le sol que tu foules, à l'envers des nuages. Tu me prêteras les tiens, tu me prêteras tes bras, tes jambes, tu m'emporteras là où je t'attends, là où je t'attends.

Écoute mon désir, il est là, toujours, il m'emmène vers toi, hors de moi, hors de tout, hors du sang qui me fuit, me déserte et me brûle. Et même si je n'arrive pas, même si je n'arrive pas. Écoute, dans les ruines de mes os, dans les pierres de ma chair, dans les plâtres du ciel, écoute. Il reste un grillon, il reste une chanson. Tu peux tout retrouver à partir d'elle, tu peux renouer l'alliance, l'air, la folie, la berceuse dans mon sang, dans la voix de mon sang qui est plus que mon sang, écoute, je t'appelle, j'ai froid, j'ai froid.

Douleurs dans mon épaule, douleurs dans ma gorge. Tenailles dans mon ventre, qui brisent mes côtes, percent mes poumons et me tirent le cœur, s'y prennent à plusieurs fois, s'y prennent à mille fois pour l'exposer dans la lumière crue de ton absence, pour le lancer dans la boue des fossés, sous les grands chênes, sous les fougères brunes. Les bêtes n'en voudront pas, craindront ce feu sous les pierres, sous le gel et les glaces, sous le désastre du monde. Espoir que plus rien ne nourrit, que plus rien n'endort. Espoir pur, sans objet, sans souci de temps ni de lieu. Espoir.

Vertige des marches que je descends, qui mènent au fond de la mer, au fond de l'amour. Marches humides de mon sang creusées par mes songes.

À quoi rêvent-ils, les fiancés des eaux profondes, à quelle improbable paix, sous quelle lumière d'un soleil mort ?

La clef des heures, elle tourne dans mes chairs, dans le tiède et le rouge. Elle grince dans mon crâne, jusqu'à se casser et se rompre. Jusqu'à me rompre. Devant qui s'ouvre-t-elle, la fenêtre peinte, la porte d'os, la page du livre ? Devant quel visiteur, qui viendra quand, délivrer l'amour, le libérer de la vie, du mensonge de la vie ?

Parfum entêté, parfum de violettes et de cendres, âpre saveur d'éternité dedans ma bouche où l'air ne passe plus que par vagues, que par flammes.

Je n'ai plus de mains, plus de bras. Je n'entends plus. Je ne vois plus. Je n'ai plus qu'une bouche et c'est une plaie, béante, obscène.

Le maître de cérémonie, en costume de bruyères. Cette feuille tachée de gras, entre ses ongles noirs. Sa voix éraillée, monotone. Cette litanie : souffrances sur souffrances, jusqu'au nom appelé, dans le bas de la page.

Que voient-ils, ceux qui meurent, quelle couleur se vrille dans leurs yeux renversés, transperce leur âme encore vibrante ? Quelle pluie de lumière lave leurs regards d'os, aveugles au monde et clairvoyants, quel amour ébloui ?

Je m'allongerai sous tes paupières. Lorsque tu les baisseras pour t'endormir, je lancerai de l'or dans ton sommeil. De l'or et des songes pareils à des nuages.

Et lorsque tu regarderas en toi, tu le verras, l'enfant dans son œuf de cendres, celui que mes larmes ont conçu, celui que mon sang achèvera de parfaire.

L'enfant broyé par une roue solaire, étourdi par la soudaine nostalgie de tout.

Éternité souffrante de l'amour. Le baiser de marbre noir que le ciseau du sculpteur ne pourra faire voler en éclats. La rose blanchie sur le feu, martelée par le forgeron des âmes.

Douleur, seul amour.

Dame, roi, valet

DAME

Dans le ciel qui s'éteint, la princesse descend les marches du palais, traverse le jardin où jouent quelques licornes, trempe sa main dans la fontaine de vin doux, et pénètre dans le petit pavillon de chasse aux portes d'ivoire. Sur le divan rembourré d'étoiles, elle s'assied, ou, plus précisément, elle se laisse tomber, épuisée par la journée à venir. Elle est abandonnée de tous, solitaire sans consolation, et c'est en cela que se voit son état de princesse. Pour elle, des chevaliers ont passé les examens d'usage, tuant le dragon, volant une rose lunaire, capturant l'oiseau de glace. Après quoi, ils ont demandé sa main au roi, son père, qui les a reçus favorablement. Ils l'ont donc épousée, mais très vite leur bouche crachait le feu, leurs regards étaient distraits et leur cœur était glacial : ce qu'ils avaient vaincu triomphait d'eux dans l'épreuve la plus terrible, celle du mariage sans histoire. Ils repartaient, chassés, honteux, et d'autres venaient, prétendant l'impossible. Dans le ciel qui s'éteint, la princesse remet de l'ordre dans sa chevelure, avec un peigne en écailles de chimère. Demain, dès l'aube, treize chevaliers, vaniteux et agiles, grimperont sur treize chevaux blanc comme neige. Ils iront aux confins du royaume, exterminer treize dragons, cueillir treize roses bleues, piéger treize oiseaux froids. Cette pensée la fait bâiller, et la fatigue la submerge, comme chaque soir, l'espérance sans espoir, la bouteille d'encre noire renversée au fond de l'âme.

ROI

Un roi vieillit lentement, éclairant le peu de jours qui lui restent par des fêtes cruelles, organisant quelques massacres d'une main lasse. D'une seconde à l'autre, ses faveurs ou ses colères s'abattent sur le royaume, avec la mélancolie d'un orage semant l'or et le sang dans les blés. Un soir, avec l'instinct de ces animaux qui fuient un tremblement de terre qu'eux seuls ont perçu, il quitte son palais par la porte basse et s'en va, dans l'espérance d'un coin de terre où la mort ne saurait le trouver. Il traverse des villages en ruines, dort dans des granges brûlées, boit des eaux croupies. Ceux qu'il croise ont quelque chose d'étrange sur eux. Enfants, vieillards ou nourrices, tous ont le même sourire faible, la même volonté lointaine dans les yeux. Ce n'est qu'au terme d'une longue errance qu'il s'aperçoit que tous ses sujets ont le même visage, trait pour trait, que lui : son royaume n'était peuplé que de lui-même. L'effroi de cette découverte le fait rentrer dans sa demeure, mais il apprend en chemin que le roi est mort depuis trente ans, et que le palais n'est plus qu'une usine de produits pharmaceutiques. À présent, il s'éloigne, couvrant son visage de ses mains, mais ses doigts se croisent sur le vide, et les paysans s'émerveillent de voir un mannequin sur un mulet, et les enfants se moquent de l'épouvantail sans figure qui ne fait même pas fuir les moineaux.

VALET

Assis sur une chaise de paille, le petit tailleur coupe un fil entre ses dents, modifie un ourlet, ajuste une épaule. Levé bien avant que meure la dernière étoile dans le ciel, il a guetté le jour à sa fenêtre, en vue de l'ouvrage à venir : une robe commandée par la reine, qu'elle portera le soir même, au bal de l'Empire. Le messager a parlé d'une récompense considérable ; promenant sa lanterne brûlante sur le visage endormi du petit tailleur, il a murmuré que le châtiment, en cas de défection, serait bien plus immense encore. Il a enfin précisé — criant sur le pont à la sortie du village — que la robe devait être taillée dans la lumière de ce jour, et dans nulle autre étoffe. Dans la pâleur de l'aube, le petit tailleur a déjà découpé des lys et des vagues semblables à celles de la mer, qu'il a piquées sur l'éclat du plein midi. Il défroisse à présent la lumière tempérée de l'après-midi, de quoi composer une cape tout en dégradés. L'aiguille va dans l'air plus vite que les secondes passent dans l'abîme, il n'y a pas de temps à perdre. Dans la rougeur du couchant, il découpe une large ceinture fauve, écoutant le bruit que font les cavaliers de la reine : venus du fond de l'horizon, ils touchent déjà aux portes du village, et la main va, affolée, essayant d'atteindre la vitesse de chevaux plus rapides que l'éclair, tâchant en vain de rassembler une robe qui part en lambeaux et disparaît avec les premières ombres du soir.

MOZART ET LA PLUIE

Blanche et légère.

Ma première connaissance de la vie a été blanche et légère. C'est une scène que m'a souvent racontée ma mère. Elle sort de la maternité, me tenant dans ses bras. Nous sommes vers l'extrême fin du mois d'avril et pourtant il neige. J'image que c'est le mouillé des flocons qui m'a touché en premier, plus que leur lumière ou leur danse. Leur côté pluie. On a beau protéger un nouveau-né des intempéries, l'envelopper de couvertures et le serrer contre soi, le dehors vient quand même à sa rencontre, l'air, le bonheur de l'air vif et mouillé. Je suis vivant parce qu'on m'a parlé et aimé. Je suis vivant parce que, dès les premières heures, ma mère et le côté pluie de la neige m'ont parlé avec amour. Quand aujourd'hui je vais dans la rue et que la pluie glisse sur mon visage, je réapprends à naître, j'en reviens aux débuts, à la première connaissance du mortel de la vie. Ce mortel est rafraîchissant. Comme Mozart. Tout à fait comme Mozart.

Il y a beaucoup de souffrance dans le monde et il y a, en quantité égale, beaucoup d'enfance. Ces deux matières n'en font qu'une seule. L'esprit d'enfance est insupportable au monde. L'enfance est ce que le monde abandonne pour continuer d'être monde. Ce qu'on abandonne ne meurt pas mais va, errant, sans plus connaître de repos. La douleur l'accompagne. À cette enfance insomniaque, Mozart et la pluie parlent très bien, comme il faut, à voix proche et basse, à voix de petite mère.

Mon histoire avec Mozart ressemble beaucoup à mon histoire avec L. La première conversation avec L. s'est passée dans le noir. Entre L. et moi, un océan, six heures de décalage. Les paroles filaient, limpides, de la nuit d'ici au jour de là-bas. Parler franchit les océans. Depuis ce jour — ou cette nuit, tout dépend de quel côté de l'océan on se place — L. est là, voletant dans ma vie, auprès de Mozart et de tous ceux que j'aime. Je ne vois jamais L. et j'écoute peu souvent Mozart. C'est égal : en quelques secondes la conversation reprend, un océan est recouvert. Nous ne sommes pas maîtres de nos façons d'aimer. Elles s'inventent très tôt et ne bougent plus. Ma façon d'aimer est une façon de laisser aller, laisser être. L. vient de faire un long voyage aux Amériques, dans un bus géant. Elle m'a écrit qu'elle souhaiterait trouver dans les livres autant de miracles que dans ces voyages où il ne se passe rien. Je ne sais pas si nous nous verrons un jour, L. et moi, avant de mourir chacun pour soi. Je ne sais pas ce que je pense de la mort. Je ne suis pas sûr que la pensée puisse atteindre une chose aussi fine et abrupte, comparable à la pluie de printemps quand elle arrache les fleurs de cerisier.

Un jour d'été, à Grasse, je marchais dans les rues sous un soleil dément. Je suis passé devant une fenêtre basse, presque au niveau du trottoir. Sans ralentir mon pas, j'ai regardé à l'intérieur. Il y avait de l'ombre et un couple en train de s'embrasser. Cette vision a duré deux secondes. Elle m'a rafraîchi pour la semaine. C'est la même image que je surprends chez Mozart : deux notes qui s'embrassent dans la pénombre. J'ai pour le réel une amitié furtive. Je ne vois bien qu'à la dérobée. Qu'il y ait, en cet instant où j'écris, deux personnes qui s'aiment dans une chambre, deux notes qui bavardent en riant, c'est assez pour me rendre la terre habitable.

Douceur, grâce, charme : ces mots pour dire la manière de Mozart ont été trop usés. Ils sont sans énergie. Je les laisse pour me saisir d'un autre qui convient mieux : clarté. Le plus beau don que l'on puisse nous faire dans cette vie ténébreuse est celui de la clarté — quand bien même cette clarté parfois nous tue.

Ni trop de silence, ni trop peu : le tip-tap des gouttes de pluie sur les feuilles de platane et les cris des hirondelles au ras des partitions de Mozart sont de bons enseignants de la parole juste.

Toute chose a son contraire, son double intime avec quoi elle lutte et dialogue. Le contraire de la musique de Mozart est pour moi le glas qui sonnait au jour de ton enterrement. Une vibration du néant dans l'air surchauffé du mois d'août 1995. D'un côté le grondement du bronze qui ne sait dire qu'une seule phrase. De l'autre, l'ardeur d'un musicien qui multiplie les notes — pour dire quoi, au juste : presque rien, le contraire de l'autre phrase. Les deux étant, bien sûr, inséparables. L'un sombre et l'autre clair. L'un creusant et l'autre dansant. Tous deux inséparables, comme sont les vrais ennemis.

Il s'est passé quelque chose le soir de ta mort. Il s'est passé beaucoup de choses ce soir-là. Pendant que tu luttais avec les ombres, je gardais ta petite fille. C'était l'heure de la mettre au lit. Elle ne savait pas que tu ne reviendrais plus. Elle avait encore, à quatre ans, l'habitude de boire un biberon, préparé par toi. J'ai fait chauffer le lait, versé la poudre chocolatée, puis j'ai secoué le biberon pour tout mélanger. Elle m'a regardé, d'abord incrédule, puis moqueuse : ce n'est pas comme ça qu'il faut faire, m'a-t-elle dit. Elle m'a pris le biberon des mains et m'a enseigné le bon geste : il ne fallait pas secouer mais simplement faire rouler le biberon entre ses mains, comme si on les frottait l'une contre l'autre pour se réchauffer après un grand froid. Dans ce geste de l'enfant j'ai revu le tien, ta manière de prendre soin de ceux que tu aimes, ton souci des plus petites choses. Je suis maladivement attentif à ce genre de détails. Rien ne me bouleverse plus dans cette vie que ces gestes pauvres, indispensables pour que le jour succède au jour. Mes maîtres sont des musiciens, des poètes, des peintres, des mages. Mes maîtres sont des petits enfants. Ils m'apprennent à convenablement mélanger le lait, la poudre, le désir et l'attente, un chagrin avec une note, un rire avec la note suivante.

Entre moi et le monde, une vitre. Écrire est une façon de la traverser sans la briser.

Ma mère connaît toujours un ratage dans les gestes ultimes du repas. Elle sait à merveille cuisiner. C'est l'instant de servir qui est chez elle l'instant de la catastrophe. Au dernier moment, en posant le plat sur la table ou en versant un peu de nourriture dans une assiette, elle accroche, renverse, éclabousse. Légèrement. Mais sûrement. Comme si, chez elle qui est si attentive aux siens, une impatience montrait le bout de son nez : j'ai passé des heures dans la cuisine, pour vous, mais là, permettez, je pars en vacances, je ne regarde plus trop ce que je fais, je quitte un millième de seconde ma place souveraine de servante, qu'est-ce que vous croyez, que je suis faite pour cette place ? J'aime cette échappée de l'ultime instant, cette fugue qui ne dit pas son nom. Il y a des impatiences nourricières. Chez Mozart aussi on peut surprendre des facilités de dernière minute, des fins de mouvements bâclées. Elles ajoutent à la beauté de l'ensemble. Femmes qui envoient promener leur monde, musiciens qui expédient les trois dernières notes, petits diables qui récitent la prière vitale : mon Dieu, protégez-nous de la perfection, délivrez-nous d'un tel désir.

« Quelqu'un qui a vu quelque chose » : c'est ainsi que l'on pourrait désigner aussi bien les saints que les génies. Le plus délicat est ensuite de s'accorder sur ce qui a été « vu ». Thérèse d'Avila donne à son éblouissement un nom qui a la vertu de faire crier les sots et les doctes : « Dieu ». Quant à Mozart, s'il est difficile de dire ce que précisément il a vu, il s'agit assurément d'une chose qui engendre puissance, gaieté et compassion.

Aujourd'hui le réel m'est entré dans la bouche, et le silence avec. Je n'ai pas touché à la parole.

Mozart m'a donné la becquée et la pluie a essuyé mes lèvres.

Il doit être mort, le vieux monsieur que j'ai rencontré l'automne dernier, à l'hôpital. Il a été quelques jours le compagnon de chambre de mon père. Une femme lui rendait visite. Elle venait de loin pour nouer avec lui une conversation qui les rendait visiblement heureux. Du calme et de l'intelligence émanaient de ces voix-là. J'ai parlé au vieux monsieur une seule fois. Il m'a dit : « je ne parviens plus à manger. Je suis devant un problème dont je ne trouve pas la solution ». Avec la même voix douce, comme s'il s'agissait de quelqu'un d'autre, il a évoqué sa fin prochaine. « On ne sait pas ce que c'est, mourir. L'écran n'a jamais pu être déchiré, de ce côté-là du monde. Personne ne sait ce que c'est. » Sans doute n'est-il plus, le vieil homme qui se séparait en douceur de son corps, le vieux monsieur calme qui mettait fin à la vie conjugale de sa chair et de la nourriture. Certains passages de Mozart font comme un voile qu'une brise remue. Il ne se déchire pas, ce voile. Il frémit sous l'avancée de quelque chose. Ce n'est pas un savoir, à peine un pressentiment. Et c'est déjà beaucoup.

Pour perdre une chose, encore faut-il auparavant l'avoir possédée. Nous n'avons jamais rien eu à nous dans cette vie, jamais rien eu à perdre, rien d'autre à faire que chanter, chanter avec la gorge, le ventre, le crâne, le cœur, l'esprit, avec toute la poussière de nos âmes amoureuses.

Écrire, encore. Insister, persister. Encore écrire, même si hier soir j'ai découvert dans une seule phrase de Pascal tout ce que j'aurai jamais à dire. C'est une phrase musicale, nerveuse, rapide comme l'enfance et comme Mozart. La pluie n'y a aucune part. C'est une phrase de pleine lumière et vent fort :

éternellement en joie pour un jour d'exercice sur la terre

Depuis la toute légère enfance je suis en pourparlers avec moi-même, je mène de moi à moi un entretien que le monde s'évertue à interrompre. Pour continuer à me parler, j'ai commencé d'écrire. Ce qui se dit en moi n'est pas dans mes livres. Les livres sont un contre-bruit au bruit du monde. Ce qui se dit en moi est confié au silence, n'est rien que du silence. Les livres frôlent ce silence. Ils ne le touchent pas, ils le frôlent. Les livres sont presque aussi intéressants que le silence. Écrire est presque aussi passionnant que ne rien faire et attendre les premières gouttes de pluie dans les concertos pour piano de Mozart.

Je perds parfois ce rythme qui me convient depuis toujours, un rythme à deux temps, présence-absence, parole-silence, et je n'ai plus à ma disposition qu'un seul de ces états dans lequel je chute interminablement : un bavardage sourd, un silence refusant — que des fausses notes.

V. s'était bâtie une maison à l'intérieur de sa maison. De son réveil à son endormissement, elle écoutait des disques. Il n'y avait pas une minute sans qu'un pianiste célèbre lui donne un récital, sans qu'un chanteur d'opéra vienne pousser jusqu'au grenier sa voix d'orage. C'était presque trop. C'était beaucoup trop. La musique ainsi accumulée ne faisait plus son travail d'aérer. Elle retombait en suie dans la maison. Elle faisait de sa maison une maison sans fenêtres, étouffante. Un tête-à-tête permanent avec Dieu, dans cette vie, serait accablant. Il faut à l'amour un peu d'absence.

Pour accueillir la lumière de ce soir, une lumière de fin mai, bleuie de froid, je mets un disque, quelques airs de Mozart, puis je m'éloigne, je vais dans une autre pièce. Une fois que l'on a fait son travail, il est juste de s'en aller, cela fait partie du travail, cela signe un travail accompli ; laisser ensemble ceux que l'on a mis en rapport, ne plus intervenir, les délivrer de nous, laisser Mozart qui danse aux bras de la lumière qui meurt.

La pluie ne me parle pas de la pluie mais de quelqu'un d'autre dont elle est la petite fille.

La beauté nous soulève dans ses bras, nous porte quelques instants à la hauteur de son visage, comme font les mères avec les tout petits enfants pour les embrasser, et puis, sans prévenir, elle nous repose à terre, nous remet à notre vie trébuchante — comme font les mères.

J'ai dans le cœur un arbre. Les grands airs de Mozart font luire ses feuilles comme sous le sacre d'une pluie d'été.

Ce que nous appelons « moi » est un costume d'arlequin composé d'histoires rapportées, d'étoffes empruntées. C'est un vêtement pauvre, mal cousu. Parfois il se déchire et va dans la folie — et quand il tient, c'est toujours par miracle. Nous ne sommes soudain faits d'une seule pièce que par la chance d'une voix qui nous appelle en nous aimant. Nommer d'amour fait venir l'unique au monde.

L'amour est une matière plus dure que le diamant, donnée sans condition par Mozart quand Mozart joue, donnée par le silence, la solitude, la pluie et la lumière quand Mozart dort.

Les mots comme la musique, je les mange — mais le manque et l'absence sont mes nourritures de base, premières.

La mélancolie se lève chaque matin une minute avant moi. Elle est comme quelqu'un qui me fait de l'ombre, debout entre le jour et moi. Je dois pour m'éveiller la repousser sans ménagement. La mélancolie aime la mort, d'amour profond. Cela fait des années que je lutte avec ces profondeurs, que je m'efforce de limiter leur influence, sans y parvenir toujours. Seule la légèreté de la vie peut chasser l'insondable mélancolie. La légèreté m'est toujours venue du côté de l'amour. Pas du sentiment : de l'amour. J'ai mis longtemps avant de voir ce qui séparait l'amour du sentiment : presque rien, un abîme. Le sentiment est du côté de la mélancolie. Il y tombe à coup sûr, tôt ou tard. Le sentiment et la mélancolie naissent d'une préférence de soi pour soi, d'une complaisance — exaltée ou effondrée — de soi pour soi. Le sentiment comme la mélancolie sont insondables, pleins de recoins et de remous. La mélancolie est la variété sombre du sentimental. Le sentiment comme la mélancolie adhèrent, attachent, fusionnent. L'amour coupe, détache, vole. Par le sentiment je suis englué dans moi-même. Par l'amour j'en suis détaché, arraché. Il y a dans la musique de Mozart un amour guerrier, actif. Il répond à la question qui se pose à moi chaque jour, dès le réveil : comment entrer dans ce premier matin du monde ?

La vérité tient à la pureté d'une voix. Cette pureté naît de la clarté du cœur. Le Christ enseignait autant par la manière dont il parlait que par le contenu de ses paroles. De même, il était immédiatement instruit sur qui lui faisait face, par le timbre des voix. La vérité est fille du Christ, de Mozart et du silence. La vérité est l'enfant de ce qui sonne clair et pur.

J'écoute Mozart et, l'écoutant, je me tourne vers toi qui es morte, parce que cette musique tutoie le silence où tu œuvres désormais, vivante.

Les mains aristocratiques des nouveau-nés, délicatement fermées sur une prise invisible, et le bégaiement de deux notes dans une sonate de Mozart, sont deux bons exemples de ce qu'est un miracle.

J'aimerais savoir prier, j'aimerais savoir appeler au secours, j'aimerais savoir remercier, j'aimerais savoir attendre, j'aimerais savoir aimer, j'aimerais savoir pleurer, j'aimerais savoir ce qu'on ne peut apprendre, je ne le sais pas, je ne sais que m'asseoir et laisser Dieu entrer pour faire le travail à ma place, Dieu ou le plus souvent, il ne faut pas trop exiger, un de ses intérimaires, la pluie, la neige, le rire des enfants, Mozart.

Je viens d'écrire une courte lettre à A. A. est mangée par une nuée d'enfants comme le cerisier par les moineaux : cette pensée-là est la première qui me vient à son propos. Ce n'est pas la seule, c'est la première, celle qui s'annonce le plus fort. Les enfants laissent peu de temps pour qui les aime et les élève. La vie d'A. avec son peu de temps m'apparaît aussi radieuse qu'une sonate de Mozart, en parenté profonde avec ce genre de musique. Pas besoin de s'expliquer là-dessus. Il suffit d'écouter Mozart, tout y est : la nuée, les enfants, le cerisier, les moineaux. Même la fatigue s'y trouve à certains endroits. Sans elle tout serait faux.

Ce ne sont pas les écrivains qui écrivent le mieux. Ce sont les peintres ou les sculpteurs quand ils tiennent un carnet pour leur seul besoin : ils écrivent alors sans même s'apercevoir qu'ils écrivent, ne cherchant que la justesse avec la rapidité.

Les moments les plus lumineux de ma vie sont ceux où je me contente de voir le monde apparaître. Ces moment sont faits de solitude et de silence. Je suis allongé sur un lit, assis à un bureau ou marchant dans la rue. Je ne pense plus à hier et demain n'existe pas. Je n'ai plus aucun lien avec personne et personne ne m'est étranger. Cette expérience est simple. Il n'y a pas à la vouloir. Il suffit de l'accueillir, quand elle vient. Un jour tu t'allonges, tu t'assieds ou tu marches, et tout vient sans peine à ta rencontre, il n'y a plus à choisir, tout ce qui vient porte la marque de l'amour. Peut-être même la solitude et le silence ne sont-ils pas indispensables à la venue de ces instants extrêmement purs. L'amour seul suffirait. Je ne décris là qu'une expérience pauvre que chacun peut connaître, par exemple dans ces moments où, sans penser à rien, oubliant même que l'on existe, on appuie sa joue contre une vitre froide pour regarder tomber la pluie.

Rompre un pain, écouter un quatuor de Mozart, marcher sous une pluie rieuse, il y a en cet instant des êtres qui sont empêchés de faire des choses aussi simples — parce qu'ils sont malades, parce qu'ils sont en prison ou parce qu'ils sont si pauvres qu'un pain représente pour eux une fortune. Je n'ai pas cette pensée pour les morts. Je ne les imagine pas dans la misère ni dans l'entrave. Il est même possible qu'en cet instant ceux qui sont morts fassent des choses qui leur donnent une grande joie — des choses simples dont nous serions, vivants, empêchés.

Dieu descend à terre aussi naturellement que la musique de Mozart monte au ciel, mais il nous manque l'oreille pour l'entendre.

La vie souvent tourmentée des créateurs m'impressionne moins que celle des pauvres gens. Il faut autant de génie — c'est-à-dire de courage, de songe, de patience et d'impatience, d'innocence et de ruse — pour trouver l'argent du loyer et de quoi vêtir des enfants que pour bâtir un chef-d'œuvre.

L'enterrement de Mozart — le chien derrière le corbillard, le corps jeté dans la fosse commune : si ma compassion va à Mozart mort, c'est à l'homme vide qu'elle s'adresse, pas à l'artiste. Devant la mort il n'y a plus d'artistes, que des petits enfants poussés dans le noir.

Plongez vos mains dans une rivière. Regardez l'eau qui se heurte à cet obstacle imprévu, sa manière gaie de le tourner. Laissez la fraîcheur monter de vos mains à votre âme. Accroupi, tête vide, comme un enfant devant un grillon, écoutez l'eau qui passe, l'insolence claire du temps qui fuit : vous venez de sentir, de voir et d'entendre une sonate de Mozart pour violon et piano.

Entre la terre et le ciel, une échelle. Le silence est au sommet de cette échelle. La parole ou l'écriture, si persuasives soient-elles, n'en sont que des degrés intermédiaires. Il faut n'y poser le pied que légèrement, sans insister. Parler, c'est tôt ou tard faire le malin. Écrire, c'est tôt ou tard faire le malin. À un moment ou à un autre. Inévitablement. Irrésistiblement. Seul le silence est sans malice. Le silence est premier et dernier. Le silence est amour — et quand il ne l'est pas, il est plus misérable que du bruit.

Les heures silencieuses sont celles qui chantent le plus clair.

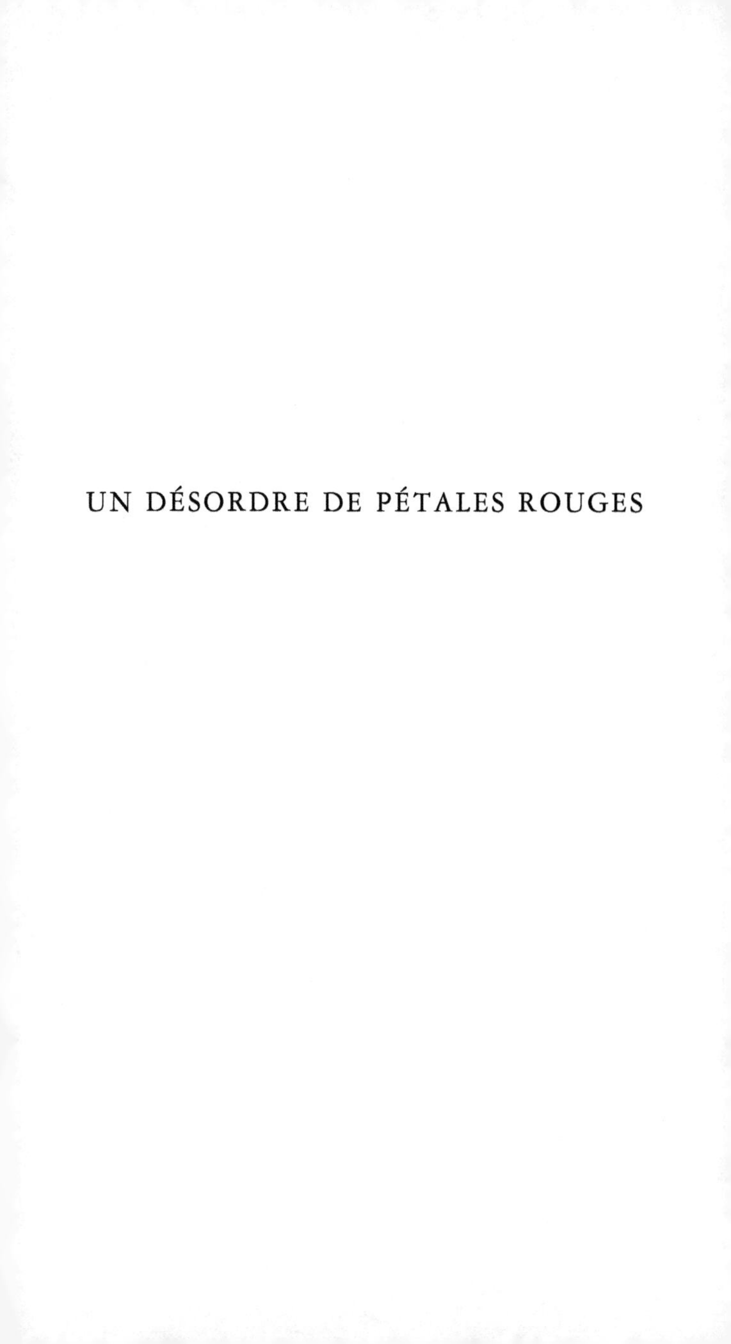

UN DÉSORDRE DE PÉTALES ROUGES

Commençons par une histoire. Elle est vraie. Elle est arrivée à un ami écrivain. Les histoires qui nous arrivent viennent du fond de notre cœur. Elles viennent du plus lointain et rien n'est plus lointain que le fond sans fond de notre cœur. Ce qui arrive ce soir-là à un écrivain s'est mis en marche depuis des années. Ce qui arrive est une rose rouge, brûlant dans la main d'un jeune homme. L'écrivain est assis derrière une table. Il signe des livres. Le jeune homme s'avance. Il a l'air triste. Il a mis la tristesse sur son visage et il regarde brûler sa tristesse dans la rose qu'il tend à l'écrivain. Il lui dit : je vous aimais. J'aimais vos livres, d'amour. Avant. Quand vous étiez pur. Quand vous étiez intouché par la lumière de ce monde, quand vos livres circulaient dans les souterrains de ce monde, dans les soubassements de cette vie. Autant que vos livres, j'aimais cette circulation taciturne des mots, cette résistance sourde de quelques paroles pauvres. Vous lisant j'entrais aux catacombes. Vous êtes écrivain et donc vos mots ne vous appartiennent pas — ce sont les mots des pauvres, des muets, des bêtes, des arbres, que sais-je encore. Un écrivain est grand non par lui-même mais par la grandeur de ce qu'il nomme, et je ne sais pas d'autre grandeur que celle de la vie faible, humiliée par le monde. Et voici que le monde vous acclame, voici que le monde vient vous chercher et j'ai peur de ne plus vous reconnaître, de ne plus m'y retrouver dans tout ce bruit. Je ne vous demande pas ce soir de signer un livre. Je me moque des livres. Je vous demande de continuer à ne signer que les roses qui brûlent d'amour au monde désert, dans les jardins d'un monde sans eau. Voilà ce qu'il a dit, le jeune homme. Il ne l'a pas dit comme ça, mais c'est ce qu'il a dit. Si je raconte cette histoire, c'est par un goût de parler de l'écriture autrement qu'en écrivain. Je suis comme ce jeune homme : ce ne sont pas les livres qui m'intéressent, mais ce dont les livres sont la trace. C'est cette trace qui m'intéresse, et le passage qu'elle dit, la traversée d'une vie vivante, déchirante de vie vivante, le passage des loups de vie dans les forêts du monde. La littérature, je m'en fous. Je m'explique. Le jeune homme aurait dû s'expliquer un peu plus, ce jeune homme qui avait raison sur tout — sauf sur un point, mais nous verrons lequel, je dirai lequel. Expliquons. Traçons un trait. Là, devant nous, devant nos pieds, penchons-nous sur le sol de page blanche et traçons un trait. Il y a maintenant ce trait et il y a quelque chose qui est avant lui, en deçà, et quelque chose qui est plus loin, au-delà. Accordez-moi cette définition comme en mathématique, un axiome, une proposition que rien ne prouve mais qui permet d'en déduire beaucoup d'autres : accordez-moi que ce trait sur le sable de page blanche s'appelle « littérature ». Il se perd à droite et il se perd à gauche. Il vient de l'infini des temps, il va à l'infini des temps. C'est un trait qui ne se referme sur rien que sur sa propre rectitude. On n'en trace, quand on le trace, qu'une petite partie. On ne fait à vrai dire que le prolonger après beaucoup d'autres. Ce trait est là, donc. Pur, fier de sa pureté, de son allant, de sa souveraineté de trait. Je dis que je m'en fous. Je dis que je me contrefous de cette perfection épurée du trait de littérature. Ce qui m'intéresse est au-delà de ce trait. Ce qui m'intéresse est plus que littéraire, plus que de la belle écriture, plus que de la langue enveloppée dans de la langue. Il y a aussi un en deçà de ce trait. Il y a quelque chose qui ne parvient même pas à la littérature. Ce quelque chose peut quand même être publié : cela n'empêche rien. Il ne suffit pas d'écrire un livre — même dix, même cent — pour être un écrivain. Mais laissons cela : à Paris, dans le milieu de l'édition, on cède au besoin provincial de méchanceté. On ne parle jamais des livres. On parle du nom. On prend le nom qui est sur la couverture du livre et on détruit le nom. Je crois que c'est une infirmité d'époque, une infirmité profonde, une infirmité grave que de se croire supérieur à ce dont on parle. Un livre que je n'aime pas, je pense que je ne l'aime pas, c'est tout. Je ne me crois pas supérieur à ce livre. Je serais plutôt tenté de penser que quelque chose me manque, qu'il y a toujours quelque chose dans un mauvais livre que je n'ai pas su voir, quelque chose que j'ai échoué à voir. Donc laissons ce qui est — ce qui, à moi, personnellement, me semble — en deçà de la littérature. Et abandonnons ce qui est littérature proprement dite : un trait épris de son tracé et épris de cela seulement. Allons de suite à l'essentiel : ce qui est au-delà de la littérature. Le jeune homme à la rose rouge, c'est cela qu'il aimait, c'est cela qu'il cherchait : un au-delà de tout. La vie même. La vie telle qu'elle passe, invincible, au-delà de toutes les épaisseurs, y compris l'épaisseur d'un trait sans épaisseur. Pour écrire vraiment, il faut être dans une solitude absolue. Pour être dans une solitude absolue il faut aimer d'un amour absolu. La plupart des écrivains mentent là-dessus. Ils font comme s'il n'y avait personne dans la pièce à côté, dans le fond sans fond de leur cœur. Ce n'est pas vrai. Ce n'est jamais vrai. Je ne dis pas qu'il s'agit nécessairement d'une présence visible, consciente. Peut-être même est-elle toujours plus profonde que tout visage connu, nommé. Mais il y a toujours quelqu'un aux côtés du solitaire, une présence sur laquelle il appuie en secret chacune de ses phrases, une lumière unique et nécessaire. Car il faut savoir que tout va contre celui qui écrit, contre celui qui a l'ambition d'atteindre cette vie au-delà de l'écriture, cette vie au-delà de la vie. Tout : l'indifférence comme le succès — et le succès plus que l'indifférence. Faveur et disgrâce : le monde les distribue comme des crachats, l'un et l'autre. Oui, tout s'oppose à qui veut absolument écrire, écrire dans cet au-delà de la littérature. Tout s'oppose à qui veut absolument aimer, aimer dans cet au-delà de l'amour. J'ai trouvé un nom pour cet au-delà de la littérature et de l'amour. J'ai trouvé le nom le plus proche de ce que je veux dire là, de ce que je veux vivre dans ma vie, écrivant, n'écrivant plus, écrivant encore : la compassion. La compassion est un mouvement. Un mouvement par quoi vous allez de vous qui êtes là, à l'autre qui est au-delà de vous, et pour lui dire cette chose simple et obscure : « Rien de vous ne m'est semblable, hors cette misère d'une existence vouée à son effacement, par quoi je me reconnais semblable à vous. » Il y a un communisme réel de l'écriture. C'est le même communisme que mettent en œuvre les amants quand ils s'aiment et les enfants quand ils jouent. Jouer, écrire, aimer, c'est entrer dans une société qui échappe à toute emprise du monde, c'est faire l'expérience d'une fraternité réelle, non décrétée, atteinte après avoir épuisé la singularité des voix et des chairs, après avoir traversé toutes épaisseurs de différences, sans en oublier aucune. Et c'est là ce que je voudrais confier au jeune homme à la rose triste, au chevalier à l'âme brûlée : c'est vrai, tout va contre notre cœur, le mien et le vôtre. Tout conspire contre cette fraternité de vivant à vivant. L'indifférence est une épreuve. Le succès est une épreuve que l'on réserve à ceux que l'indifférence n'a pas su tuer. Mais ne demandez pas à cet écrivain de rester le même. Ne demandez jamais rien de tel à ceux que vous aimez. Vous aimez, et tout amour veut la fidélité. Mais la fidélité n'est pas l'allégeance à une personne ni la soumission à une identité. L'amoureux — et un artiste ce n'est rien d'autre qu'un amoureux — ne peut être fidèle qu'à la vérité de son amour, qu'à cette vérité nécessairement errante, contraire à toute appartenance. Demandez-lui seulement de ne jamais rien céder sur la vérité, sur son goût enfantin de la vérité. Le reste — bon vent, mauvais vent, fortune, infortune — ne devrait pas vous attrister. Le reste n'importe pas. Ou bien reconnaissez que, plus que cet écrivain, vous aimiez le sentiment qu'il vous donnait de l'obscurité de cet amour, et que vous obéissiez sans le savoir à la logique d'un monde marchand, assignant à chacun son plaisir suivant les seules normes de rareté ou d'abondance. Regardez cette rose qui s'enflamme dans vos mains. Elle s'ouvre dans un ciel qui n'est pas celui des lectures et pas celui du monde, qui est au-delà. Ses pétales sont refermés sur un vide que vous ne connaîtrez jamais. Ce que vous aimez dans les livres n'est pas dans les livres. Ce que vous aimez dans les livres tient à ce vide que vous n'approcherez jamais, autour duquel les écrivains avec leur encre, les enfants par leurs rires, les amants dans leur fatigue, tissent leurs pétales d'encre, de rire ou de fatigue. Laissez cette fleur aller son rythme, s'ouvrir doucement à sa mort parfumée. Ne redoutez pas de la voir exposée en plein jour. Tout empêche un écrivain d'écrire — mais écrire c'est passer outre à l'empêchement d'écrire. Aimer c'est passer outre à l'empêchement d'aimer. Le monde ne peut rien contre ça. Le monde ne sait passer outre à rien, pas même au monde. Le monde ne sait que se continuer, se continuer indéfiniment, poursuivre son long tracé sans origine ni fin, sa grande ligne droite, inutilement droite, insupportablement droite, incomparablement moins belle et vraie et pure que le désordre de pétales rouges autour d'un cœur sans fond.

L'ÉQUILIBRISTE

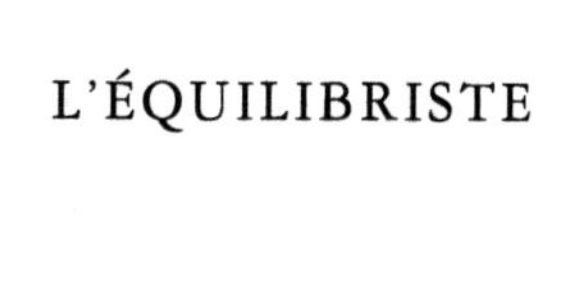

La première fois que je rencontrai l'homme à tête de cheval, je n'avais aucun sucre sur moi.

C'était en hiver. Je marchais sur une route de campagne. Je faisais souvent ce genre de promenade, toujours au même endroit. La terre comme le ciel est inusable. Toujours du neuf, toujours une surprise à espérer. Les fossés étaient recouverts par une croûte de glace. J'y jetais de temps à autre une pierre. J'aimais voir la glace se fendre sans se rompre. Les pierres s'y incrustaient comme des diamants pris dans une toile d'araignée. Je passais mon temps ainsi, la tête penchée sur les pierres, sur la glace et sur le ciel qui se reflétait dans la glace.

Du temps, j'en avais : les assurances où j'avais travaillé vingt-trois ans venaient de me licencier.

J'étais trop vieux pour reprendre un emploi. Personne ne m'avait dit une chose comme ça. Il suffisait que je me la dise à moi-même : vingt-trois ans, c'est beaucoup. Il est temps d'envisager autre chose, tu ne vas quand même pas passer ta vie à travailler, ce ne serait pas sérieux.

Lancer des pierres dans les fossés et capturer ce que j'appelais « les papillons de Dieu » — une belle phrase dans un livre, un sourire sur un visage, une tache de soleil sur un mur — voilà qui était autrement plus sérieux, accordé à mon humeur de ces jours.

En fait de « papillons de Dieu », je n'avais ce jour-là attrapé qu'un méchant rhume — et puis cet homme à tête de cheval.

Il marchait au fond du pré, lourd et pensif. Je n'osai pas le déranger. Je m'apprêtais à continuer mon chemin quand le bruit de mes pas sur le sol gelé attira son attention. Il accourut au trot vers la barrière en bois, haute de cinquante centimètres. Il portait un jean noir et une chemise blanche. Sa crinière ondulait joliment sur sa nuque quand il inclinait la tête. Ses yeux étaient larges et sombres comme deux prunes détachées de l'arbre. L'amitié vient par de toutes petites choses. Je me suis pris d'amitié pour l'homme à tête de cheval en découvrant la nuit mauve de ses yeux calmes.

Je suis heureux de vous voir, ai-je dit au solitaire dans son pré. J'allais vous dire la même chose, m'a-t-il répondu en secouant sa crinière au vent. Et nous avons ri ensemble de notre amitié naissante. Plus exactement, j'ai ri et il a henni. Il était déjà bien tard. Je n'avais que du tabac dans mes poches. Je lui dis que je reviendrais demain avec quelques morceaux de sucre. Il sourit. C'est comme vous voulez. Vous savez où me trouver : je ne quitte jamais ce pré. Et pour le sucre, laissez tomber : je ne l'aime pas. Je ne goûte que les pommes.

Le lendemain il était là, le même, à quelques détails près. Il avait changé de chemise et de jean. Il a plu cette nuit, me dit-il. Je n'aime pas porter des vêtements mouillés.

Ce jour-là comme les jours suivants, nous restâmes séparés par la barrière. Il faut toujours un peu de distance — un peu d'air, un peu d'absence, un peu de vide ou une barrière en bois haute de cinquante centimètres — pour que quelque chose arrive.

« Alors, toujours pas de travail ? » — telle était la question que me posait à chaque rencontre mon nouvel ami. « Toujours pas ou plutôt : plus jamais » — telle était ma réponse. Ensuite nous reprenions la conversation là où nous l'avions interrompue la veille. Deux sujets revenaient souvent : la poésie et le cirque. Deux manières de tutoyer les étoiles, me dit l'homme à tête de cheval.

Avant de séjourner dans ce pré, je travaillais dans un cirque. J'avais un numéro d'équilibriste avec une amie, une femme à tête de jument. Tous les soirs, nous faisions une petite promenade sur un câble, à sept mètres au-dessus du sol. Mon amie partait d'un bout du câble, moi de l'autre. Nous devions nous rencontrer au milieu, nous embrasser, puis regagner nos perchoirs, en marchant cette fois sur les mains. Dix ans sans une chute. Puis quelque chose est arrivé. Une chose minuscule au début. Mon amie s'est plainte d'une douleur dans le dos. Elle a pensé consulter un médecin mais tout a été trop vite. Deux bosses sont apparues qui sont devenues deux ailes en une nuit. Les spectateurs ont apprécié ce qu'ils croyaient être un raffinement de mise en scène. Les enfants surtout étaient en joie. Pour eux, rien d'impossible. Un corps de jeune femme, une tête de jument, deux ailes bleues entre les épaules, rien ne les choque. Il y avait un trou dans le chapiteau : la veille, un orage avait tourmenté la toile. Des grêlons l'avaient déchirée. Par le trou un peu de vent passait. Rien d'ennuyeux, la représentation n'avait pas été annulée. Nous avons commencé notre numéro. Quand nous avons parcouru, elle et moi, notre moitié de câble, nous nous sommes embrassés comme d'habitude, un peu plus fort que d'habitude peut-être, puis mon amie a battu des ailes et, en une seconde, elle s'est envolée par le trou dans la toile. Les applaudissements ont duré une heure. Je ne l'ai jamais revue.

Arrivé à ce point de la conversation, mon ami à tête de cheval regarda par-dessus mon épaule gauche, comme s'il se passait soudain dans le ciel quelque chose de passionnant. Je me retournai. Il n'y avait rien. Il en profita pour s'éloigner une minute au fond du pré. Quand il revint vers la barrière, je pouvais voir un océan dans chacun de ses yeux. Je fis semblant de ne rien remarquer.

Après l'envol de mon amie, je fus incapable de tenir sur le câble. En la perdant, j'avais perdu ma légèreté. Vous comprenez, c'était un jeu d'enfant que de marcher à sept mètres au-dessus du sol, puisque c'était pour la rejoindre. Pour la joie de m'approcher d'elle, j'aurais accompli des prodiges. Je remontai plusieurs fois de suite sur le câble, mais c'était pour en tomber au bout de trois pas. Le directeur du cirque me proposa de transformer le numéro en changeant de costume. Prenez l'habit du clown, me dit-il. Ainsi vos chutes ne seront plus des maladresses mais des gags. Il n'avait pas tort. Il avait même parfaitement raison : les vrais artistes trouvent leur force dans ce qui les accable. D'un empêchement à vivre ils font une grâce. J'essayai. Mais mes chutes étaient trop réelles. Je sortais de scène couvert de bleus et je ne faisais rire personne. Il me fallut quitter le cirque, retrouver un travail.

J'ai occupé à peu près tous les emplois possibles pour un homme de mon espèce. Le plus agréable, sans conteste, a été homme de ménage dans une petite école. Les enfants grimpaient sur mes épaules à la récréation. Nous faisions le tour de la cour plusieurs fois, au galop.

La fatigue est venue et, avec elle, une minuscule retraite. Je suis entré dans ce pré. Je n'en sors plus. Au début je lisais. Nuit et jour. Cela m'est passé. Je ne voudrais pas être trop injuste avec les livres. Je leur dois de belles heures. Ils viennent, ne l'oublions pas, des arbres. Parfois ils s'en souviennent : certaines phrases de certains livres bruissent comme les feuilles de l'acacia. Mais j'attends tellement plus. Ne me demandez pas ce que j'attends ainsi. Je ne saurais pas vous répondre. Ce qui est sûr, c'est que toute la sagesse écrite du monde ne peut rien pour moi : j'attends quelque chose de plus grand que ce qui peut s'écrire. Mais je vois que le ciel se couvre. Vous devriez rentrer. Les pommes que vous m'avez amenées aujourd'hui étaient exquises. Vous les achetez au marché ?

Le temps passait. La crinière de mon ami à tête de cheval blanchissait et je devenais plus sensible au vent du nord. À la conversation sur les livres s'ajoutaient quelques propos sur la meilleure manière de soigner les rhumatismes. Nous étions d'accord : il n'y a pas de meilleure manière. Le corps est comme une barque. Dans l'enfance elle est légère, un rêve d'embarcation, un voilier de papier blanc. Avec le temps, le papier prend l'eau et la barque s'enfonce. Vivez en bonne entente avec vos rhumatismes me conseillait l'homme à tête de cheval : ils prouvent que vous êtes bien sur terre, vivant. Rien ne doit nous empêcher de parler et de chercher en parlant. Rien ne doit gâcher le plaisir de nos rencontres.

C'était un mardi, je crois. Je ne l'avais jamais vu aussi radieux. J'ai trouvé, me dit-il. J'ai trouvé ce que j'attendais — enfin, pas tout à fait, mais j'ai trouvé un mot pour le dire. Vous ne devinerez jamais. J'essayai pourtant : Dieu ? La mort ? L'amour ? Pas du tout, répliqua-t-il. Vous cherchez du côté du plus grand. C'est une erreur sans doute inévitable. Moi-même je l'ai commise jusqu'à ce matin. C'est tellement plus simple : j'attends le printemps.

Je dus avoir l'air stupide. Il me précisa sa réponse. Sa parole se précipitait. Je la rapporte ici le plus fidèlement possible. C'était une parole sans folie malgré les apparences. Je le sais. J'ai déjà vu des fous. Ils peuvent être calmes ou en colère, bavards ou taciturnes. Ils ont tous en commun une tristesse noire. La parole que j'entendais ce jour-là était pleine de lumière et de gaieté.

Ce que j'appelle le printemps, me dit-il, n'est pas affaire de climat ou de saison. Certes, je ne suis pas insensible à la résurrection du mois de mai, à cette candeur nouvelle de l'air qui rend le cœur si rouge et les filles si moqueuses. Mais on peut toujours objecter que cette résurrection sera bientôt suivie par un nouvel hiver, un goutte-à-goutte de la mort froide. Les saisons sont rondes, bégayantes. Ce que j'appelle le printemps brise ce cercle-là, comme tous les autres. Cela peut surgir au plus noir de l'année. C'est même une de ses caractéristiques : quelque chose qui peut venir à tout moment pour interrompre, briser — et au bout du compte, délivrer.

J'avais apporté un panier de pommes à mon ami à tête de cheval. Pas des Golden, trop fades. Des petites grises, cabossées, juteuses à souhait. Il en croqua une avant de poursuivre.

Je vois votre étonnement. Je vois que vous ne me comprenez pas. Je vous rassure : le printemps n'est rien de compréhensible — c'est même ce qui lui permet de tenir dans trois fois rien — un bruit, un silence, un rire. Tenez, à propos de rire : à l'école où je travaillais, il y avait une petite fille dont la mère était morte dans un incendie. J'aimais regarder son visage pendant les récréations. Dans ses yeux il y avait un peu de gravité et beaucoup de rires. Elle n'avait connu sa mère que quatre ans et ces quatre ans avaient été, à l'évidence, plus gorgés d'amour que quatre siècles. Telle était ma pensée devant ce visage : la mère, de son vivant, a versé une coupe de champagne dans l'âme de son enfant — d'où le pétillement dans les yeux de la petite fille. Cette pensée que j'avais alors était une pensée printanière. Il n'y a rien à en conclure. Le printemps se moque de conclure. Il ouvre et ne termine jamais. Il est dans sa nature d'être sans fin.

Ce que j'appelle le printemps ne va pas sans déchirure. C'est une chose douce et brutale. Nous ne devrions pas être surpris de ce mélange. Si nous le sommes, c'est que la vie nous rend distraits. Nous ne faisons pas assez attention. Si nous regardions bien, si nous regardions calmement, nous serions effrayés par la souveraineté de la moindre pâquerette : elle est là, toute bête, toute jaune. Pour être là, elle a dû traverser des morts et des déserts. Pour être là, toute menue, elle a dû livrer des guerres sans pitié. Ce que j'appelle le printemps est une chose du même ordre, une chose qui brille comme une pâquerette ou comme un lutteur couvert de sueur. Rien de tranquille ni de gagné d'avance.

Il croqua deux pommes supplémentaires, les dernières du panier.

Un autre signe du printemps, de ce que j'appelle ainsi, est que, lorsqu'il arrive, nous ne nous y retrouvons plus. Nous devenons des gens comment dit-on, déjà : déplacés. Imaginez un invité qui, sans prévenir, avant que vous ayez eu le temps de choisir pour lui, s'installe sur votre chaise préférée. Tout le monde a chez soi une chaise préférée. Sur le coup vous ressentez un léger désagrément. Et puis très vite la fraîcheur vient. Presque rien n'a changé et ce presque rien change tout. Vous prenez une autre chaise que celle habituelle, vous avez devant vous un autre paysage, vous êtes bien toujours chez vous, oui, mais vous y êtes de la plus belle façon : de passage. Nous nous accoutumons trop vite à ce que nous avons. Dieu merci, le printemps vient parfois remettre du désordre dans tout ça, nous découvrons que nous n'avons jamais rien eu à nous et cette découverte est la chose la plus joyeuse que je connaisse.

Il se tut, replia ses oreilles en arrière comme sous l'effet d'une contrariété. Je lui demandai s'il ressentait toujours cet élancement entre les deux épaules dont il s'était plaint la veille. Pas du tout, me dit-il : c'est passé. Ce devait être un coup de froid.

Je voudrais nuancer mon propos sur les livres : s'ils ne comblent pas mon attente, ils l'apaisent et ils la fortifient. Lisez ceci que j'ai recopié pour vous cette nuit. Quand j'ai découvert ce poème, j'ai eu le souffle coupé. La beauté m'a toujours fait cet effet-là. C'est même ainsi que j'imagine ma mort : une chose, un jour, viendra à ma rencontre. Cette chose sera si pure que je ne saurai plus quoi en penser, plus quoi en dire et que j'en aurai le souffle coupé, définitivement. Ne vous inquiétez pas : je vis depuis toujours dans le sentiment de ma disparition prochaine et c'est un sentiment heureux. Il simplifie et libère. Mais lisez plutôt. L'auteur de ce poème est anglais. Il s'appelle William Blake. Il a vécu au siècle des Lumières. Il était violent et naïf. Son poème ne parle pas du printemps et pourtant rien n'en est plus proche :

Les sourires qu'on a souris
ne sont qu'un unique sourire
entre le berceau et la tombe
on ne le sourit qu'une fois
mais fût-il une fois souri
c'est la fin de toute misère

Je pris le poème des mains de mon ami. Pour lire un roman, il faut deux ou trois heures. Pour lire un poème, il faut une vie entière. Je lus. J'étais loin d'avoir une parfaite intelligence de ce texte, mais il n'est pas indispensable de tout comprendre d'une chose pour l'accueillir entièrement. Il me sembla que pendant ma lecture beaucoup de nuages roulèrent dans le ciel, beaucoup d'étoiles apparurent et disparurent, plusieurs jours et plusieurs nuits passèrent. Quand je relevai la tête de ma feuille, mon ami n'était plus là. Je l'appelai, je le cherchai partout, en vain. Le pré était vide. Je devinai que c'en était fini de nos entretiens et que je ne le reverrais plus.

J'allai au marché. J'achetai une pomme. Je mis un temps fou pour la choisir. Elle était petite, grise, talée et pleine de sucs. Je la mangeai lentement. C'était ma façon de dire adieu à mon ami. « Adieu » est un mot que la vie, bonne nourrice, nous apprend à mâcher lentement.

De l'homme à tête de cheval, je ne gardais que peu de choses. Un poème anglais et quelques touffes de crin accrochées à la barrière. Il me restait aussi ses paroles et leur gaieté contenue. Je rentrai chez moi pour les noter. J'y rentrai non sans mal : depuis quelque temps ma maison flottait à trente centimètres au-dessus du sol. Elle tournait avec le vent, je n'avais jamais la même image à ma fenêtre.

Mais ceci est une autre histoire que je raconterai un autre jour.

LA PRÉSENCE PURE

Pour mon frère Gérard
et ma sœur Danielle

L'arbre est devant la fenêtre du salon. Je l'interroge chaque matin : « Quoi de neuf aujourd'hui ? » La réponse vient sans tarder, donnée par des centaines de feuilles : « Tout. »

C'est la nuit que j'ai le plus envie de lui parler, quand l'éclat des lampes sur la fenêtre du salon me le rend invisible. Je sais qu'il est là, veillant dans le noir, et le savoir m'apaise — comme à l'enfant perdu dans son sommeil, la voix des parents dans la chambre voisine.

La couleur jaune monte à ses feuilles comme le rouge aux joues des timides.

Les feuilles qui dansent, ivres, au bras du vent, n'échangeraient leur place contre rien au monde.

Dépouillé d'une partie de son feuillage, il respire encore et même parfois il vole, porté par les anges pour qui rien n'est sans mouvement secret.

Mon père est depuis trois mois entré dans une maison dont il ne ressortira pas. Il a la maladie d'Alzheimer. Mon père et cet arbre me conduisent vers les mêmes pensées. De l'un, naufragé dans son esprit, et de l'autre, surpris par l'automne, j'attends et je reçois la même chose.

Avant d'entrer dans la maison où il est aujourd'hui, mon père a séjourné pendant quelques semaines chez les morts, à l'Hôpital psychiatrique de Sevrey, près de Chalon-sur-Saône, dans le pavillon « Edelweiss ». Les morts n'étaient pas les malades mais les infirmiers qui les abandonnaient pour la journée entière sans aucun soin de parole. Les morts étaient ces gens de bonne santé et de vive jeunesse, répondant à mes questions en invoquant le manque de temps et de personnel, et qui, agacés, finissaient par conclure : « de toute façon, vous ne pouvez pas comprendre. Vous êtes dehors et il faut être dedans, du métier, pour avoir la bonne intelligence, l'intelligence légitime ». Les morts étaient ces gens murés dans leur surdité professionnelle. Personne ne leur avait appris que soigner c'est aussi dévisager, parler — reconnaître par le regard et la parole la souveraineté intacte de ceux qui ont tout perdu. Si égaré fût-il alors, mon père, montrant du doigt l'unique arbre présent dans la cour intérieure du pavillon — une torsade de bois et de douleur — leur avait par avance répondu : « il suffit de voir cet arbre pour comprendre que rien ne peut vivre ici ».

Dieu passe en riant devant la fenêtre du salon, déguisé en petite feuille jaune, tourbillonnante.

D'abord le tronc, puis les branches maîtresses qui cherchent chacune de leur côté, puis les branches secondaires qui naissent des précédentes mais divergent sur un point, émettent un autre avis, enfin les plus hauts rameaux qui raclent la peau du ciel : autant de tâtonnements, d'essais, d'échecs, mille chemins inventés pour aller vers la lumière.

Ce n'est pas seulement un arbre devant une fenêtre. C'est un conseiller que j'interroge et qui m'instruit par sa manière d'aller tout en hésitations et ruptures — vers le Très-Pur.

Ce qui est blessé en nous demande asile aux plus petites choses de la terre et le trouve.

Un peu avant six heures du soir, je raccompagne mon père dans le réfectoire de la maison de long séjour. La plupart des pensionnaires ont déjà été rassemblés dans cette pièce, certains depuis une demi-heure. Ils se font face, à quatre ou six par table. Leurs yeux sont éteints. Ils ne se parlent pas. Quelques-uns ont le corps recourbé sur leur assiette vide, comme des poupées à la tête cassée. Le mot « enfer » plane dans cette pièce. C'est un mot très précis. C'est le seul qui puisse dire ce lieu, cette heure et ces gens. Deux biens sont pour nous aussi précieux que l'eau ou la lumière pour les arbres : la solitude et les échanges. L'enfer est le lieu où ces deux biens sont perdus. Mon père entame parfois une colère au seuil du réfectoire. Il refuse d'avancer comme s'il pressentait que plus rien ne le détachera de cette communauté morte — que sa mort personnelle. Sa colère tombe quand il découvre les visages de ceux qui partagent sa table, toujours les mêmes. Il les a côtoyés toute la journée et il leur serre longuement la main, chaque soir avant de se mettre à table, comme s'il les retrouvait après une longue absence. Ils répondent à sa poignée de main en souriant faiblement : même en enfer la vie peut resurgir une seconde, venue on ne sait d'où, intacte. Il y suffit d'un geste.

Le grand malheur de croire que l'on sait quelque chose.

L'arbre semble reposé.

La neige l'a recouvert pendant la nuit de lumière pure, comme une mère relevant un drap sur le corps de son enfant endormi.

Il a eu ce matin une manière éblouissante de m'apparaître : un ange qui viendrait d'atterrir et cacherait en vain ses mains blanches derrière son dos, pour ne pas trahir sa noble origine.

Il y a une naissance simultanée de nos yeux et du monde, un sentiment de « première fois » où ce qui regarde et ce qui est regardé se donnent le jour.

Il connaissait intimement chacune de ses feuilles. À chacune il donnait un nom. Le vent les a jetées sur la terre froide. La neige les a étouffées. Il pense toujours à elles. Il écoute en lui la vibration de leur nom.

Je me tiens devant la fenêtre avec ceux qui me manquent. Tous nous nous penchons à la balustrade pour mieux voir l'arbre. Lorsque je me relève, je suis à nouveau seul.

Le vent et lui ont eu des mots, cette nuit. Une branche a été arrachée au cours d'un entretien particulièrement rude.

Assis pendant des heures dans le couloir de la maison de long séjour, ils attendent la mort et l'heure du repas.

Leur vie flotte autour d'eux comme un oiseau au-dessus d'un arbre abattu, cherchant sans le trouver ce qui faisait son nid.

Lambeaux de craintes, de petits désirs et de noms propres : ils subissent leur parole comme ils subissent le reste, et les réponses qu'ils donnent s'égarent loin des questions qu'on leur pose.

Ils aiment toucher les mains qu'on leur tend, les garder longtemps dans leurs mains à eux, et les serrer. Ce langage-là est sans défaut.

Leur lassitude et la proximité de leur mort font d'eux des rois sans courtisans.

Le vent désencombre l'arbre d'une partie de sa neige, comme une main époussetant un habit de fête.

Je la connaissais du vague de l'enfance : une amie de mes parents, elle tenait un magasin dans le quartier. Je me souvenais de ses allures de « grande dame ». Je la retrouve recroquevillée dans un fauteuil, les os du visage saillant sous le peu de chair des joues. La grande dame a laissé sa place à une petite momie dans la maison de long séjour. Elle me reconnaît. Privée de mots, elle me regarde et pleure. Je me penche vers elle pour l'embrasser et je retrouve la grande dame : elle est là, hurlant en silence dans le fond humide des yeux de la petite momie.

J'aime appuyer ma main sur le tronc d'un arbre devant lequel je passe, non pour m'assurer de l'existence de l'arbre — dont je ne doute pas — mais de la mienne.

La neige blanche a disparu. Sa petite sœur, la neige sale, la remplace. C'est une enfant infirme et pauvre. Son visage est sans lumière et personne ne la regarde comme on regardait son aînée. Elle meurt en très peu de temps du chagrin de n'être pas aimée.

Quelques gouttes de pluie bavardent en riant à l'extrémité de ses branches, avant de sauter dans le vide.

La petite momie est morte. Elle a dormi deux nuits et deux jours dans une chambre funéraire, puis elle a été mise dans la terre et la grande dame a fait ses premiers pas dans l'invisible, fraîche et reposée.

Contemplant la salle où les patients reçoivent leurs familles — salle immense et vide ce jour-là — mon père dit comme en rêvant : « je regarde ce qui pour moi n'existe pas ».

Il ne se reconnaît plus sur les photographies. Il n'y reconnaît pas non plus les siens. Quand on les lui nomme, il a les yeux brillants de joie, émerveillé de se découvrir des enfants comme s'ils venaient de naître.

Ce qu'il savait du monde et de lui-même est effacé par la maladie, comme par une éponge sur un tableau. Le tableau est grand, il est impossible de l'essuyer en une seule fois, mais de nombreuses phrases ont déjà disparu.

Une branche s'est détachée de l'arbre. Elle n'a pas immédiatement glissé à terre. D'autres branches l'ont retenue et l'ont veillée pendant quelques heures.

Le vent, ce matin, lui parle en ami. Ses branches ne bougent qu'à peine à leur extrémité, comme on remue la tête devant une évidence : oui, oui, oui.

Ils évoquent souvent leur mère. Leurs autres attachements se sont dissous. Ils n'ont plus auprès d'eux que cette morte dont ils parlent au présent avec la candeur des tout-petits.

Ce qui se voit ici n'est pas d'une autre nature que ce qui se voit ailleurs. La douleur, la parole sourde et la dure volonté de survivre, tout cela se rencontre aussi bien au-dehors, dans la vie préservée. La différence est qu'ici aucune diversion n'est possible : plus rien que la vie sèche, chacun agrippé à son petit rocher jusqu'à ce que la fatigue persuade de lâcher prise — et c'est l'engloutissement, la grande vague de la mort blanche.

La bête qui ronge leur conscience leur en laisse assez pour qu'ils connaissent, par instants, l'horreur d'être là.

De la mort qui est ici chez elle, personne ne leur parle. Ils sont les seuls à en dire quelque chose, toujours à l'improviste et à voix basse, comme s'il s'agissait d'une chose honteuse.

Ces gens dont l'âme et la chair sont blessées ont une grandeur que n'auront jamais ceux qui portent leur vie en triomphe.

C'est par les yeux qu'ils disent les choses, et ce que j'y lis m'éclaire mieux que les livres.

Aujourd'hui, dans le plus grand ascenseur, celui qui sert à transporter des cercueils, il y avait une odeur de formol. Je l'ai emportée chez moi où elle s'est mélangée à l'odeur des lys sur la table du salon.

La maison de long séjour est appelée ici « maison de cure ». Les infirmes, les vieillards et les agonisants qui la peuplent sont appelés des « résidents ». Plus les choses sont dures, plus on leur donne des noms faibles.

J'entre dans l'ascenseur, j'appuie sur le bouton du deuxième étage et je m'apprête à une nouvelle rencontre avec l'envers du monde.

Je viens tous les deux jours. Ma mère est avec moi. Elle apporte un sac de plastique dans lequel elle a glissé le goûter de mon père, son « quatre heures » qu'elle n'oublie jamais, de même que la petite cuillère qui sert à lui donner la becquée, car il est si distrait (c'est-à-dire si attentif à tout ce qui passe) qu'il est prompt à se tacher. Ma mère dans ces instants s'inscrit dans la lignée de ces femmes qui, depuis le début du monde, donnent à la vie sa nourriture de clarté jusque dans le noir.

La grosse dame souriante qui retient mon visage entre ses mains. Le petit homme que sa maladie de Parkinson agite comme un grelot. La femme au regard sombre, ses mains croisées sur le pommeau d'une canne aussi rigide qu'elle. Cet homme qui enfouit sa tête dans ses bras comme un enfant envahi par un sentiment plus grand que lui. Cet autre qui sort de sa poche des objets dérobés dans les chambres voisines, et veut m'en faire cadeau. Il faudrait écrire sur tous ou plutôt sur chacun, précautionneusement, lentement.

S'ils ont beaucoup perdu et continuent de perdre, leur caractère demeure — une manière d'être parfois si rude que seule la mort pourra les en délivrer, comme on brise une noix entre des dents vigoureuses, d'un coup sec.

L'arbre est un livre ouvert. Le vent d'aujourd'hui en tourne distraitement les pages comme s'il pensait à autre chose.

La première connaissance de la maison de long séjour m'est venue par l'odeur imprégnant les parois de ses ascenseurs — quelque chose de propre recouvrant sans l'effacer quelque chose de rance : la suée de la mort sous l'hygiène affichée de la vie.

L'arbre devant la fenêtre prépare le printemps. Il médite dans le froid sur ce qu'il donnera bientôt.

Dans quelques semaines il proposera au monde plus de lumière que tous les livres jamais écrits. Cette lumière passera et l'an prochain il en donnera une autre, encore. C'est le nom de son travail et c'est le nom du travail des vivants tant qu'il leur reste une saison, un jour, une heure : donner, encore.

Le soleil a le tutoiement facile et la pluie est volontiers distante. La neige est plutôt timide même si elle prend toute la place, ce que savent si bien faire les timides.

Un arbre ébloui par la neige, la terrible innocence du ciel bleu et le visage de ceux que la mort a commencé de tutoyer : tels sont depuis quelques mois mes livres de chevet.

Hier mon père avait la grippe. Elle ajoutait à sa faiblesse. Pour le déplacer de sa chambre à la salle du rez-de-chaussée, il a fallu le mettre sur un fauteuil roulant. Puis la vie désormais habituelle a repris : le sourire de ma mère. Les gaufrettes et le yaourt au cassis. Le café brûlant servi dans un gobelet de plastique. La conversation avec d'autres familles présentes. Mon père ce jour-là a encore moins parlé que d'habitude. Il comptait et recomptait les boutons de son gilet. Cette activité semblait ne devoir jamais le lasser. Il ne sait presque plus lire. Il a déserté la lecture comme beaucoup d'autres choses. Cet après-midi il ne savait plus que compter les boutons de son gilet, sentir leur épaisseur entre ses doigts, lentement. Il n'y avait dans ce geste qu'un trésor de patience et de fièvre. À la même heure, dans le monde, des millions d'hommes devaient s'épuiser dans toutes sortes de gestes. Aucun, j'en suis sûr, n'accomplissait un geste aussi rayonnant de calme que celui-ci : compter et recompter les boutons d'un gilet comme on fait rouler les grains d'un chapelet entre ses doigts, doucement et en ne pensant à rien.

C'est parfois une aide-soignante qui le raccompagne au réfectoire, à la fin des visites. Elle le prend par la main et il se laisse faire, docile comme un enfant devant l'autorité. Il me tourne le dos et s'éloigne à petits pas, mené par une étrangère vers une salle surpeuplée et silencieuse. Cette image, la dernière avant la fermeture des portes de l'ascenseur, a quelque chose de calme et terrible, comme l'annonce de la mort à venir.

« Oui, oui, je te le dis, quand tu étais jeune, tu mettais ta ceinture et tu allais où tu voulais. Mais quand tu seras vieux, tu étendras les mains et un autre te mettra la ceinture, et il te mènera où tu ne veux pas. » (Saint Jean, 21, 18)

Il est impossible de protéger du malheur ceux qu'on aime : j'aurai mis longtemps pour apprendre une chose aussi simple. Apprendre est toujours amer, toujours à nos dépens. Je ne regrette pas cette amertume.

J'écris dans l'espérance de découvrir quelques phrases, juste quelques phrases, seulement quelques phrases qui soient assez claires et honnêtes pour briller autant qu'une petite feuille d'arbre vernie par la lumière et brossée par le vent.

Mon père est dans une chambre à trois. Une chambre à trois n'est pas vraiment une chambre. Il y manque une clôture, un secret — tout ce qui signe la présence d'une personne et d'une seule. Trois lits, trois armoires avec chacune une niche qui fait office de table de nuit. Sur la « table de nuit » de mon père, un réveil et une photo où il sourit aux côtés de sa femme. Hier il m'a demandé qui étaient ces gens sur la photo. Cette demande a attristé et sans doute angoissé ma mère. Chez elle, l'angoisse n'est jamais loin de l'impatience. Un peu plus tard, dans la salle du bas, mon père a renversé son gobelet de café chaud sur la nappe à carreaux de la table. Ma mère s'est irritée une seconde, mon père a perçu cet agacement et s'en est désolé. J'étais assis en face d'eux, je les regardais, j'avais mes deux parents en face de moi, deux moineaux égarés qui me tombaient sur le cœur, surpris par un hiver brutal.

Dans les derniers mois avant son entrée dans la maison de long séjour, mon père pleurait sous la poussée d'un souvenir dont il n'avait encore jamais parlé. Il évoquait en sanglotant la maladie mortelle d'un de ses frères. Lui-même n'avait alors que cinq ans. C'était une maladie contagieuse. Il avait grimpé sur le lit de son frère pour l'embrasser. Un médecin l'en avait chassé avec une claque, sans expliquer à l'enfant pourquoi il devait rester à distance. Quatre-vingts ans plus tard cette scène revenait le bouleverser. Il ne parlait plus que de cela, ignorant la lassitude de ceux qui entendaient pour la centième fois le même récit. C'était pour lui chaque fois une première fois, chaque fois l'entrée dans son âme enfantine du couteau de l'injustice et du deuil.

La maladie d'Alzheimer enlève ce que l'éducation a mis dans la personne et fait remonter le cœur en surface.

Le bleu a lancé son offensive en début d'après-midi. En moins d'une heure il était partout dans le ciel et les yeux des passants.

L'hiver oublie parfois d'être sévère, comme un professeur dans les derniers jours d'école.

J'apporte des fleurs à mon père. Je les mets dans un vase sur sa table de nuit. J'ignore s'il les regarde après mon départ. Sans doute a-t-il oublié qui les lui a données et leur accorde-t-il le même regard incrédule et fatigué qu'à tout le reste dans cette chambre.

Je connaissais la gaieté d'offrir des fleurs à des vivants. Je connaissais la douceur de fleurir une tombe. Ce geste d'apporter des fleurs à la maison de long séjour n'entre ni dans la première connaissance, ni dans la seconde.

Dans l'ascenseur, je lui pose une question qu'il ne comprend pas. Il fronce les sourcils, cherche une réponse, ne trouve pas, trouve : « Il y a une tombe en moi. » Puis il se tait. Il a oublié ce qu'il vient de dire. Il regarde la porte de l'ascenseur, les chiffres qui s'allument au-dessus des boutons.

La brume qui les enveloppe parfois se déchire et ils touchent à une vérité si dure qu'ils pourraient la tenir dans leurs mains.

Des quatre femmes assises dans le couloir, j'en embrasse ce jour-là trois et me contente de serrer la main de la quatrième dont le visage, déformé par la maladie, m'inspire un secret dégoût et me dissuade de le toucher, même dans l'effleurement d'un baiser. Elle le devine et m'interpelle : « Et alors, on ne m'embrasse pas aujourd'hui ? » Je la prends dans mes bras et l'embrasse en riant pour cette leçon magnifiquement donnée et les chemins ouverts en une seconde, de moi à elle.

Mon père, lui, n'a plus ce souci des apparences. Plusieurs fois je l'ai vu se pencher comme un adolescent devant des malades particulièrement disgraciés et leur dire : « Vous avez un merveilleux visage, je ne vous oublierai jamais. » Cette scène à chaque fois me bouleverse comme si l'infirmité pendant un instant n'était plus dans le camp de mon père mais dans le mien.

La vieille dame qui parle très fort dans le couloir m'appelle du prénom de son fils, Basile. Quand je lui dis que je ne suis pas son fils et que mon prénom est Christian, elle balaie mon objection d'un revers de la main, comme pour dire : je le sais mais ça n'a aucune importance, tu es bien mon fils puisque je me réjouis de te voir, on ne va quand même pas s'arrêter à des détails.

Moineaux, écureuils et corneilles : l'arbre reçoit un courrier chaque jour plus abondant.

L'extrémité de ses branches se courbe au-dessus de la rue, comme s'il prenait plaisir à la conversation des passants.

Les premiers bourgeons surgissent, denses, resserrés autour d'une vérité encore trop fragile pour être dite.

Mon père dans ses promenades aime qu'on le tienne par la main, comme ces enfants qui dans les aires de jeux marchent craintivement sur une poutre étroite, réconfortés par le poids, dans leur main, d'une main aimante.

Il me faut chaque fois quelques minutes pour aller à son pas et le rejoindre dans cette lenteur propre au début et à la fin de la vie.

Je suis né dans un monde qui commençait à ne plus vouloir entendre parler de la mort et qui est aujourd'hui parvenu à ses fins, sans comprendre qu'il s'est du coup condamné à ne plus entendre parler de la grâce.

Dans ce monde qui ne rêve que de beauté et de jeunesse, la mort ne peut plus venir qu'à la dérobée, comme un serviteur disgracieux que l'on ferait passer par l'office.

J'ai rêvé que Dieu avait la maladie d'Alzheimer, qu'il ne se souvenait plus du nom ni du visage de ses enfants, qu'il avait oublié jusqu'à leur existence.

Une main invisible a déchiré les bourgeons d'un seul coup, comme on ouvre une lettre dont notre sort dépend. Un flot de lumière verte en est sorti.

L'arbre s'entretient avec le vent des choses éternelles et ses jeunes feuilles en frémissent de plaisir.

Des oiseaux se posent sur lui comme des notes en bas de page, dans un livre savant.

De nombreuses religions prétendent qu'il suffit d'un petit nombre de justes pour sauver le monde.

Il est possible que nous soyons descendus en dessous de ce chiffre — à moins que l'on considère cet arbre et ses semblables comme des justes.

Hier après-midi, en voyant mon père, j'avais quatre-vingt-six ans. Un peu plus tard, en regardant un nouveau-né, j'avais deux mois et des poussières. J'ai toujours le même âge que ceux que je rencontre.

Six ou sept vieillards assis sur des fauteuils, face au mur : j'ai appris à aimer cette vision, toujours la même, à l'ouverture des portes de l'ascenseur. J'ai une joie à les retrouver, à leur serrer la main et à les écouter me dire des choses obscures.

La vérité vient de si loin pour nous atteindre que, lorsqu'elle arrive près de nous, elle est épuisée et n'a presque plus rien à nous dire. Ce presque rien est un trésor.

Je ramène de la maison de long séjour un besoin de toucher, ne serait-ce que furtivement, l'épaule de ceux que je rencontre, et une méfiance accrue des beaux discours.

Si Saint Thomas met ses doigts sur les plaies du Christ ressuscité, c'est moins pour mettre fin à ses doutes que parce qu'il y a des instants où la vie est allée si loin dans la perte et où sa présence est si brûlante qu'il ne reste plus qu'à se taire — et toucher du bout des doigts le corps miraculé de l'autre. Ils le savent à leur façon, les Christ assis sur des fauteuils en face d'un mur, à la maison d'extrême séjour.

Quelques paroles de l'arbre : « je ne comprends pas tout ce que me dit la lumière » — « je ne dors jamais : il vient toujours quelque chose ou quelqu'un » — « le vent a les yeux d'un voyou et les mains d'un ange ».

Il y a deux ans, mon père disait voir, réellement voir en face de lui, ses parents morts depuis longtemps.

Il déclarait aussi, en appuyant bien sur chaque mot, se sentir « hors du temps » et voir « tout à neuf », même le plus familier. Les plus grands mystiques disent éprouver la même chose, au mot près.

Le nom d'Alzheimer résonne comme celui d'un savant fou et cruel.

Le nom d'Alzheimer permet aux médecins qui l'utilisent de croire qu'ils savent ce qu'ils font, même quand ils ne font rien.

Pour venir à toi j'écarte tous les noms de maladie, d'âge et de métier, comme on écarte un rideau de lamelles colorées en plastique, au seuil des maisons, l'été, jusqu'à te retrouver dans la fraîcheur de ce seul nom qui ne ment pas : père.

La vérité est ce qui brûle. La vérité est moins dans la parole que dans les yeux, les mains et le silence. La vérité, ce sont des yeux et des mains qui brûlent en silence.

La mort chaque nuit s'assied à leur chevet. Elle les regarde dormir et faire de mauvais rêves. Certains soirs elle murmure le prénom de l'un d'entre eux. Il se lève et la suit sans un mot.

Le tremblement des acacias dans le jardin de la maison de long séjour rappelle quelque chose à mon père — sans doute les acacias qui frissonnaient près de l'immeuble où il vivait, il y a encore un an. Les petites feuilles vertes diffusent dans son esprit une lueur pauvre venue, semble-t-il, du fond des temps : un an pour lui est beaucoup plus qu'un an pour nous.

Ceux qui ont très peu de jours et ceux qui sont très vieux sont dans un autre monde que le nôtre. En se liant à nous ils nous font un présent inestimable.

Les moineaux envahissent l'arbre devant la fenêtre sans lui enlever une paix dont leurs bavardages sont une part substantielle.

Et quand trop de sagesse risque de l'engourdir, le vent le chahute comme on passe une main dans les cheveux d'un enfant adoré.

L'arbre devant la fenêtre et les gens de la maison de long séjour ont la même présence pure — sans défense aucune devant ce qui leur arrive jour après jour, nuit après nuit.

Les fleurs des acacias, blanches et grêles, ont l'éclat d'un baiser d'enfant.

Quelques fleurs, vendangées par une pluie nocturne, sont tombées sur une table du jardin de la maison de long séjour.

Mon père les regarde.

Il a dans les yeux une lumière qui ne doit rien à la maladie et qu'il faudrait être un ange pour déchiffrer.

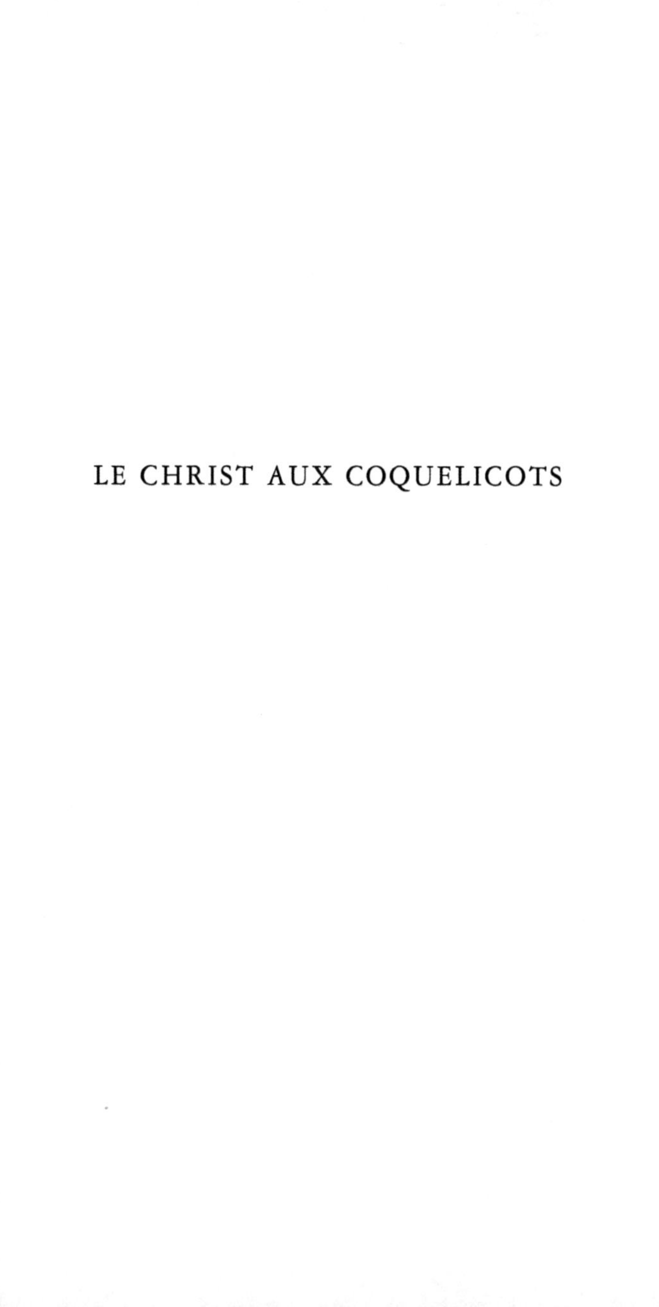

LE CHRIST AUX COQUELICOTS

Je t'écris dans la lumière. J'ai besoin de ta lumière pour écrire.

La lumière du jour n'est pas la vraie lumière.

Il y a des îles de lumière dans le plein jour. Des îles pures, fraîches, silencieuses. Immédiates.

L'amour seul sait les trouver.

Je t'aime à en faire peur aux étoiles.

C'est la vanité qui fait les livres. C'est si beau que tu n'aies jamais rien écrit.

Je t'aime plus que mes mots, que tous mes mots : c'est une nourriture d'anges que ta parole.

Même les plus beaux livres ne changent pas les gens, ils ne changent que leur auteur.

Aujourd'hui les gens sont occupés à tuer Dieu. C'est une occupation à plein temps.

Quand je leur ai dit que je t'aimais, ils m'ont répondu : « Pour qui tu te prends ? »

Je suis trop ambitieux pour l'être. Je voudrais être un fou qui ne posséderait plus qu'une seule chose : un cœur.

Quand j'étais invité quelque part, je ne rentrais pas dans une maison : je rentrais dans les yeux des gens. Je ne voyais pas le reste.

Maintenant nous sommes dans l'ère des yeux vides. Tout me blesse en dehors de ce temps que j'ouvre, pour que tu y passes.

Ils lancent leurs petits dieux en l'air comme des pièces d'or, puis ils les regardent tomber d'un seul coup sur le sol froid.

Leurs fêtes, vois-tu, ça serait une punition pour moi.

J'ai sonné à leur porte, celle où il y a une petite clochette au son si magnifique. Mais personne ne m'a ouvert.

Toi seul.

Un jour on sort du paradis et on voit ce qu'est le monde : un palais pour les menteurs, un désert pour les purs.

Je me demande comment les enfants survivent à leur chagrin.

Mon cœur volait comme un brin de paille dans l'air du monde, avant que tu le prennes entre tes mains pour le sauver.

J'avais raclé le fond de mes poches : plus rien que des visages menteurs et des croyances jaunies. Tu pouvais venir.

Quand la vérité entre dans un cœur, elle est comme une petite fille qui, entrant dans une pièce, fait aussitôt paraître vieux tout ce qui s'y trouve.

Il m'est arrivé dans la vie ce qui n'arrive qu'après la mort : j'ai ouvert les yeux, j'ai vu les visages s'assombrir et ton soleil monter.

Nul plus que toi ne porte l'amour aussi haut, à cette blancheur tremblée au cœur de la flamme.

Tu as forcé mon cœur. Tu as jeté l'émeraude du monde qui s'y trouvait et tu as mis le rien de ton amour à la place.

Quand on m'a demandé comment je comprenais ta parole, je me suis entendu dire : « Je suis heureux. »

Tu m'as donné le ciel : maintenant la rivière a des yeux à rendre malade un bijoutier.

Tu ne tournes pas un seul cil vers ceux qui abîment l'amour. C'est la clarté, toi, qui te trouble.

Toi et le ciel, vous êtes ensemble à rendre jaloux des amants.

Ceux qui ne pensent pas tuent sans arrêt ceux qui pensent : c'est parce qu'ils ne pouvaient pas te répondre qu'ils t'ont tué.

Aucune intelligence n'égale la tienne. Ta pensée fait des bonds de tigre.

On ne peut pas être en repos avec toi, sauf au paradis. Jamais sur l'oreiller du monde.

Ta pensée renverse tous les sages comme s'ils étaient des quilles. Ce que tu leur refuses, tu le donnes sans compter aux timides, tes vrais savants.

À présent, les hommes ont oublié ta parole. Leur seule fidélité pour toi est dans la haine.

Quant à ceux qui te célèbrent et t'encensent, ils ne passeraient pas une heure de vie avec toi.

Tu es tellement vivant qu'ils croient que tu n'aimes pas la vie : trop vivant pour plaire.

Ton amour est ma seule vie.

Tu es en moi comme un enfant qui joue seul, à l'écart, dont on croit qu'il ne fait rien quand sa rêverie démêle des milliers de fils d'or, de cheveux d'ange.

Tu es contagieux comme le feu des coquelicots traçant un chemin de contrebandier dans le sommeil doré des blés.

Ressuscité par ton souffle, mon cœur connaît une fièvre à rendre jaloux les feuillages des arbres, comme si le temps n'était qu'une brûlure de l'âme.

Tu traverses ma vie comme un feu de forêt.

En me parlant, tu enfonces un couteau de soleil dans mon cœur, tu le fais éclater comme un bouquet de roses.

Ton cœur brûle à l'intérieur de ton silence, comme une bougie à l'intérieur d'une lanterne.

La pluie et la lumière se battent comme des enfants dans le ciel, et leurs épées parfois heurtent ma fenêtre.

Ils veulent bien de ton ciel, mais pas de tes éclairs. Moi je ne suis pas comme eux ; j'adore tes menaces.

J'ai un travail ruisselant à faire avec toi.

Parfois je renâcle et mes pieds traînent sur le sol. Je sens alors la pression de dizaines de mains blanches sur mon dos et, malgré moi, j'avance.

Quand je suis heureux, je sais immédiatement que c'est toi — Comme un nerf de cristal, que le doigt de la pluie, des fleurs et du soleil font vibrer au maximum, de cette même vibration qui dit ta présence en moi.

Tu es dans mon cœur même quand je l'ignore, comme un rosier qui s'enflamme en l'absence du jardinier.

J'ai vu un jour une vieille horloge arrêtée se remettre en marche toute seule, et j'ai compris, j'ai senti que tu n'en finirais pas avec moi.

Je te tue chaque fois que je fais les yeux doux au monde. J'espère que je ne te rends pas la vie trop rude.

Tu me laves le cœur. Quand je veux te voir, je vais dehors : tu es l'air qui baigne ma tête, les mille et une mains potelées des anges sur mes joues.

Il n'y a pas de différence pour toi entre aimer et parler. Ta parole me fait un berceau d'osier avec de la dentelle de ciel.

Tu es un tigre de douceur.

La douceur des femmes n'est rien, au regard de ta douceur. Leur cœur ressemble à du ciel bleu, mais quand on le prend dans nos mains, nos mains sont aussitôt tachées de noir.

Mais qu'une seule d'entre elles ait pour la vie pauvre les soins d'une mère — son âme monte jusqu'à toi comme l'aigle à son azur.

Parce que nous avons tous été des enfants et que nous mourrons tous, je voudrais être bon avec chacun.

Je voudrais avoir pour chacun le soin que l'air a pour les roses — mais s'il faut tuer un mort pour avancer avec toi, je le ferai.

Le ciel est pur où qu'il soit. Le vol des étourneaux plus fin que les cils d'une jeune fille.

Ces étourneaux jaillissant de nulle part par grappes tournoyantes, vibrant dans l'air mauve comme sur les ondes d'une eau mystique, explosant par centaines à la surface de mes yeux, piaillant, saluant la nuit qui vient.

Jamais ne sécheront les larmes que nous n'aurons pas su pleurer sur le désastre de ces jours que nous voulions beaux, mais pourquoi désespérer ?

Il suffirait d'avoir la patience et la paix blonde des grands champs de blé, leur consentement aux grâces mouvantes du vent et des lumières.

Et que nos cœurs chaque jour s'ouvrent à la fraîcheur et à l'éclat des coquelicots.

À ces fragiles taches rouges, à ces larmes de vie que personne ne provoque et qui viennent pourtant, imprévisibles, au beau milieu des champs, au beau milieu des jours, de nos jours.

Parce que tu existes, même dans les lointains, comme ce rouge dans les blés sages, aperçu depuis une route, tu les inquiètes.

Dieu est aussi frêle que ces coquelicots que, pour leur profit, les hommes veulent arracher de la terre.

Ceux qui entrevoient ta pureté ne comprennent pas ta faiblesse. Ils se demandent pourquoi le plus pur est aussi le plus mortel.

« Pourquoi meurent-ils, les coquelicots ? D'où viennent-elles, ces buées rouges qui ne supportent pas d'être déportées hors du sol où elles sont montées comme une exhalaison, comme un soupir ? »

Si nous le savions, alors nous saurions comment ne pas mourir — même de mort intermittente. Si nous le savions, nous saurions tout.

Mais à quoi cela sert-il de se demander ce qu'est la mort, puisque la porte qui s'ouvrira alors est magnifique, même si elle donne sur un terrain vague ?

Il faut longtemps moudre les mots et mourir en silence pour faire cuire le pain du ciel.

L'art suprême, ce qui manque à tant de petits maîtres, c'est de savoir donner sa langue au chat.

Mourir, c'est comme tomber amoureux : on disparaît, et on ne donne plus de nouvelles à personne.

Quand je doute, mon cœur est plus fragile qu'une framboise, mais quand je me fie à toi il est plus dur qu'un diamant.

Je veux bien souffrir, mais je ne veux pas désespérer. Je ne laisserai personne éteindre en moi la petite lampe rouge de la confiance.

Chaque jour j'attends tout.

Ils craignent la mort plus que tout, sans voir qu'il y a une chose plus redoutable encore : une vie sans amour.

Il y a un instant où la mort a toutes les cartes et où elle abat d'un seul coup les quatre as sur la table.

Aucune parole au monde qui soit alors à la hauteur de notre chagrin.

À cet instant terrible où il n'y a plus rien à croire ou à espérer — plus d'air ni de portes —, tu surgis.

Tu viens quand plus personne ne peut nous consoler : tu enterres secrètement celui que nous aimons au fond de notre cœur — bien à l'abri du temps.

La mort nous purifie. Quand nous mourons, tout le mal que nous avons fait s'évapore comme une buée.

Apparaissent alors toutes les nervures de notre pauvre vie, aussi clairement qu'une feuille d'arbre traversée par la lumière du soleil.

Comme le coquelicot déchire l'étoffe trop riche des blés, tu brûles le linge, brodé à nos initiales, de notre trépas.

Tu es l'attaquant par grâce, l'incroyable insurrection du rouge de l'esprit dans notre cœur éteint.

Si c'est vers toi que je me dirige, même si la mort se met entre nous, ce n'est rien, tu la feras fondre.

La mort, qui est du temps, ne peut pas toucher quelque chose qui n'est pas du temps. Éternité des coquelicots.

Entre ma vie et ma mort, une simple cloison de papier. Je t'entends marcher derrière.

La lenteur de ton pas est la vitesse de la beauté. Celui qui l'entend a des oreilles de cristal, et il est aussi seul que toi.

Le dieu auquel je crois n'est pas fort, mais il est aussi invincible qu'un courant d'air.

Aucun savoir ne peut t'enfermer dans sa cage. Le Livre qui parle de toi, quand je l'ouvre, je vois des papillons s'envoler.

J'ai vu un peintre d'icônes qui se peignait lui-même par toutes petites touches. Toi, tu bouges aussi vite qu'un ciel.

Ils ont fait de toi une image, ils ont fait de toi une idole, ils ont fait de toi une Église. Moi, je fais de toi un coquelicot, l'étendard minuscule de l'éternel, le fleurissant par surprise.

J'étais une colombe, avec un boulet de plomb à la patte.

Tu m'as délivré du monde, tu as fait voler en éclats le faux ciel des idées, tu as déchiré l'étoile peinte des séductions.

Personne ne peut m'arrêter maintenant. J'ai des ailes.

Le rouge des pavots monte à mon cœur comme une flamme.

Je sais où je vais. Je vais au ciel.

Tu me reconnaîtras sur le quai de la gare : j'aurai mon cœur dans mes mains jointes — un gros hortensia bleu donnant sa lumière jour et nuit, en toutes saisons.

BIBLIOGRAPHIE

Aux Éditions Gallimard

LA PART MANQUANTE (Folio nº 2554)
LA FEMME À VENIR (Folio nº 3254)
UNE PETITE ROBE DE FÊTE (Folio nº 2466)
LE TRÈS-BAS (Folio nº 2681)
L'INESPÉRÉE (Folio nº 2819)
LA FOLLE ALLURE (Folio nº 2959)
LA PLUS QUE VIVE (Folio nº 3108)
AUTOPORTRAIT AU RADIATEUR (Folio nº 3308)
GEAI (Folio nº 3436)
RESSUSCITER (Folio nº 3809)
LA LUMIÈRE DU MONDE (Folio nº 3810)
LOUISE AMOUR (Folio nº 4244)
LA DAME BLANCHE (Folio nº 4863)
LES RUINES DU CIEL (Folio nº 5204)
UN ASSASSIN BLANC COMME NEIGE (Folio nº 5488)

En collaboration avec Édouard Boubat

DONNE-MOI QUELQUE CHOSE QUI NE MEURE PAS

Aux Éditions Fata Morgana

SOUVERAINETÉ DU VIDE (repris en Folio nº 2680)
L'HOMME DU DÉSASTRE
LETTRES D'OR
ÉLOGE DU RIEN
LE COLPORTEUR

LA VIE PASSANTE

UN LIVRE INUTILE

ÉCLAT DU SOLITAIRE

Aux Éditions Lettres Vives

L'ENCHANTEMENT SIMPLE

LE HUITIÈME JOUR DE LA SEMAINE

L'AUTRE VISAGE

L'ÉLOIGNEMENT DU MONDE

MOZART ET LA PLUIE

LE CHRIST AUX COQUELICOTS

UNE BIBLIOTHÈQUE DE NUAGES

CARNET DU SOLEIL

Aux Éditions du Mercure de France

TOUT LE MONDE EST OCCUPÉ (repris en Folio n° 3535)

PRISONNIER AU BERCEAU (repris en Folio n° 4469)

Aux Éditions La Passe du vent

LA MERVEILLE ET L'OBSCUR, suivi de LA PAROLE VIVE

Aux Éditions Brandes

LETTRE POURPRE

LE FEU DES CHAMBRES

Aux Éditions Le Temps qu'il fait

ISABELLE BRUGES (repris en Folio n° 2820)

QUELQUES JOURS AVEC ELLES

L'ÉPUISEMENT

L'HOMME QUI MARCHE

L'ÉQUILIBRISTE

LA PRÉSENCE PURE

Livres pour enfants

CLÉMENCE GRENOUILLE

UNE CONFÉRENCE D'HÉLÈNE CASSICADOU

GAËL PREMIER, ROI D'ABÎMMMMMME ET DE MORNELONGE

LE JOUR OÙ FRANKLIN MANGEA LE SOLEIL

Aux Éditions Théodore Balmoral

CŒUR DE NEIGE

L'Autre Visage 7

Lettre pourpre et autres textes 41
Lettre pourpre 43
Le feu des chambres 47
Le baiser de marbre noir 58
Dame, roi, valet 71

Mozart et la pluie 77

Un désordre de pétales rouges 95

L'Équilibriste 105

La Présence pure 121

Le Christ aux coquelicots 153

Bibliographie 207

DU MÊME AUTEUR

Dans la même collection

L'ENCHANTEMENT SIMPLE et autres textes. *Préface de Lydie Dattas.*

DERNIÈRES PARUTIONS

309. ***	*Anthologie de la poésie religieuse française.*
310. René Char	*En trente-trois morceaux.*
311. Friedrich Nietzsche	*Poèmes. Dithyrambes pour Dionysos.*
312. Daniel Boulanger	*Les Dessous du ciel.*
313. Yves Bonnefoy	*La Vie errante. Remarques sur le dessin.*
314. Jean de la Croix	*Nuit obscure. Cantique spirituel.*
315. Saint-Pol-Roux	*La Rose et les Épines du chemin.*
316. ***	*Anthologie de la poésie française du XVIIIe siècle.*
317. Philippe Jaccottet	*Paysages avec figures absentes.*
318. Heinrich Heine	*Nouveaux poèmes.*
319. Henri Michaux	*L'Espace du dedans.*
320. Pablo Neruda	*Vingt poèmes d'amour. Les Vers du capitaine.*
321. José Ángel Valente	*Trois leçons de ténèbres.*
322. Yves Bonnefoy	*L'Arrière-pays.*
323. André du Bouchet	*l'ajour.*
324. André Hardellet	*La Cité Montgol.*
325. António Ramos Rosa	*Le cycle du cheval.*
326. Paul Celan	*Choix de poèmes.*
327. Nâzim Hikmet	*Il neige dans la nuit.*
328. René Char	*Commune présence.*
329. Gaston Miron	*L'homme rapaillé.*

330. André Breton — *Signe ascendant.*
331. Michel Deguy — *Gisants.*
332. Jean Genet — *Le condamné à mort.*
333. O. V. de L. Milosz — *La Berline arrêtée dans la nuit.*
334. *** — *Anthologie du sonnet français de Marot à Malherbe.*
335. Jean Racine — *Cantiques spirituels.*
336. Jean-Pierre Duprey — *Derrière son double.*
337. Paul Claudel — *Bréviaire poétique.*
338. Marina Tsvétaïéva — *Le ciel brûle* suivi de *Tentative de jalousie.*
339. Sylvia Plath — *Arbres d'hiver* précédé de *La Traversée.*
340. Jacques Dupin — *Le corps clairvoyant.*
341. Vladimír Holan — *Une nuit avec Hamlet.*
342. Pierre Reverdy — *Main d'œuvre.*
343. Mahmoud Darwich — *La terre nous est étroite.*
344. *** — *Anthologie de la poésie française du XX*[e] *siècle,* I.
345. *** — *Anthologie de la poésie française du XX*[e] *siècle,* II.
346. Pierre Oster — *Paysage du Tout.*
347. Édouard Glissant — *Pays rêvé, pays réel.*
348. Emily Dickinson — *Quatrains et autres poèmes brefs.*
349. Henri Michaux — *Qui je fus* précédé de *Les Rêves et la Jambe.*
350. Guy Goffette — *Éloge pour une cuisine de province* suivi de *La vie promise.*
351. Paul Valéry — *Poésie perdue.*
352. *** — *Anthologie de la poésie yiddish.*
353. *** — *Anthologie de la poésie grecque contemporaine.*
354. Yannis Ritsos — *Le mur dans le miroir.*
355. Jean-Pierre Verheggen — *Ridiculum vitae* précédé de *Artaud Rimbur.*
356. André Velter — *L'Arbre-Seul.*
357. Guillevic — *Art poétique* précédé de *Paroi* et suivi de *Le Chant.*

358. Jacques Réda — *Hors les murs.*
359. William Wordsworth — *Poèmes.*
360. Christian Bobin — *L'Enchantement simple.*
361. Henry J.-M. Levet — *Cartes Postales.*
362. Denis Roche — *Éros énergumène.*
363. Georges Schehadé — *Les Poésies*, édition augmentée.
364. Ghérasim Luca — *Héros-Limite* suivi de *Le Chant de la carpe* et de *Paralipomènes.*
365. Charles d'Orléans — *En la forêt de longue attente.*
366. Jacques Roubaud — *Quelque chose noir.*
367. Victor Hugo — *La Légende des siècles.*
368. Adonis — *Chants de Mihyar le Damascène* suivi de *Singuliers.*
369. *** — *Haiku.* Anthologie du poème court japonais.
370. Gérard Macé — *Bois dormant.*
371. Victor Hugo — *L'Art d'être grand-père.*
372. Walt Whitman — *Feuilles d'herbe.*
373. *** — *Anthologie de la poésie tchèque contemporaine.*
374. Théophile de Viau — *Après m'avoir fait tant mourir.*
375. René Char — *Le Marteau sans maître* suivi de *Moulin premier.*
376. Aragon — *Le Fou d'Elsa.*
377. Gustave Roud — *Air de la solitude.*
378. Catherine Pozzi — *Très haut amour.*
379. Pierre Reverdy — *Sable mouvant.*
380. Valère Novarina — *Le Drame de la vie.*
381. *** — *Les Poètes du Grand Jeu.*
382. Alexandre Blok — *Le Monde terrible.*
383. Philippe Jaccottet — *Cahier de verdure* suivi de *Après beaucoup d'années.*
384. Yves Bonnefoy — *Les planches courbes.*
385. Antonin Artaud — *Pour en finir avec le jugement de dieu.*
386. Constantin Cavafis — *En attendant les barbares.*
387. Stéphane Mallarmé — *Igitur. Divagations. Un coup de dés.*

388. *** — *Anthologie de la poésie portugaise contemporaine.*
389. Marie Noël — *Les Chants de la Merci.*
390. Lorand Gaspar — *Patmos* et autres poèmes.
391. Michel Butor — *Anthologie nomade.*
392. *** — *Anthologie de la poésie lyrique latine de la Renaissance.*
393. *** — *Anthologie de la poésie française du XVIe siècle.*
394. Pablo Neruda — *La rose détachée.*
395. Eugénio de Andrade — *Matière solaire.*
396. Pierre Albert-Birot — *Poèmes à l'autre moi.*
397. Tomas Tranströmer — *Baltiques.*
398. Lionel Ray — *Comme un château défait.*
399. Horace — *Odes.*
400. Henri Michaux — *Poteaux d'angle.*
401. W. H. Auden — *Poésies choisies.*
402. Alain Jouffroy — *C'est aujourd'hui toujours.*
403. François Cheng — *À l'orient de tout.*
404. Armen Lubin — *Le passager clandestin.*
405. Sapphô — *Odes et fragments.*
406. Mario Luzi — *Prémices du désert.*
407. Alphonse Allais — *Par les bois du Djinn.*
408. Jean-Paul de Dadelsen — *Jonas* suivi des *Ponts de Budapest.*
409. Gérard de Nerval — *Les Chimères,* suivi de *La Bohême galante, Petits châteaux de Bohême.*
410. Carlos Drummond de Andrade — *La machine du monde* et autres poèmes.
411. Jorge Luis Borges — *L'or des tigres.*
412. Jean-Michel Maulpoix — *Une histoire de bleu.*
413. Gérard de Nerval — *Lénore* et autres poésies allemandes.
414. Vladimir Maïakovski — *À pleine voix.*
415. Charles Baudelaire — *Le Spleen de Paris.*
416. Antonin Artaud — *Suppôts et Suppliciations.*
417. André Frénaud — *Nul ne s'égare* précédé de *Hæres.*

418. Jacques Roubaud — *La forme d'une ville change plus vite, hélas, que le cœur des humains.*

419. Georges Bataille — *L'Archangélique.*

420. Bernard Noël — *Extraits du corps.*

421. Blaise Cendrars — *Du monde entier au cœur du monde* (Poésies complètes).

422. *** — *Les Poètes du Tango.*

423. Michel Deguy — *Donnant Donnant* (Poèmes 1960-1980).

424. Ludovic Janvier — *La mer à boire.*

425. Kenneth White — *Un monde ouvert.*

426. Anna Akhmatova — *Requiem, Poème sans héros* et autres poèmes.

427. Tahar Ben Jelloun — *Le Discours du chameau* suivi de *Jénine* et autres poèmes.

428. *** — *L'horizon est en feu.* Cinq poètes russes du XXe siècle.

429. André Velter — *L'amour extrême* et autres poèmes pour Chantal Mauduit.

430. René Char & Georges Braque & Jean Arp — *Lettera amorosa.*

431. Guy Goffette — *Le pêcheur d'eau.*

432. Guillevic — *Possibles futurs.*

433. *** — *Anthologie de l'épigramme.*

434. Hans Magnus Enzensberger — *Mausolée* précédé de *Défense des loups* et autres poésies.

435. Emily Dickinson — *Car l'adieu, c'est la nuit.*

436. Samuel Taylor Coleridge — *La Ballade du Vieux Marin* et autres textes.

437. William Shakespeare — *Les Sonnets* précédés de *Vénus et Adonis* et du *Viol de Lucrèce.*

438. *** — *Haiku du XXe siècle.* Le poème court japonais d'aujourd'hui.

439. Christian Bobin — *La Présence pure* et autres textes.

440. Jean Ristat	*Ode pour hâter la venue du printemps* et autres poèmes.
441. Álvaro Mutis	*Et comme disait Maqroll el Gaviero.*
442. Louis-René des Forêts	*Les Mégères de la mer* suivi de *Poèmes de Samuel Wood.*
443. ***	*Le Dîwân de la poésie arabe classique.*
444. Aragon	*Elsa.*
445. Paul Éluard & Man Ray	*Les Mains libres.*
446. Jean Tardieu	*Margeries.*
447. Paul Éluard	*J'ai un visage pour être aimé.* Choix de poèmes 1914-1951.
448. ***	*Anthologie de l'OuLiPo.*
449. Tomás Segovia	*Cahier du nomade.* Choix de poèmes 1946-1997.
450. Mohammed Khaïr-Eddine	*Soleil arachnide.*
451. Jacques Dupin	*Ballast.*
452. Henri Pichette	*Odes à chacun* suivi de *Tombeau de Gérard Philipe.*
453. Philippe Delaveau	*Le Veilleur amoureux* précédé d'*Eucharis.*
454. André Pieyre de Mandiargues	*Écriture ineffable* précédé de *Ruisseau des solitudes* de *L'Ivre Œil* et suivi de *Gris de perle.*
455. André Pieyre de Mandiargues	*L'Âge de craie* suivi de *Dans les années sordides*, *Astyanax* et *Le Point où j'en suis.*
456. Pascal Quignard	*Lycophron et Zétès.*
457. Kiki Dimoula	*Le Peu du monde* suivi de *Je te salue Jamais.*
458. Marina Tsvétaïéva	*Insomnie* et autres poèmes.
459. Franck Venaille	*La Descente de l'Escaut* suivi de *Tragique.*
460. Bernard Manciet	*L'Enterrement à Sabres.*
461. ***	*Quelqu'un plus tard se souviendra de nous.*
462. Herberto Helder	*Le poème continu.*

463. Francisco de Quevedo	*Les Furies et les Peines.* 102 sonnets.
464. ***	*Les Poètes de la Méditerranée.*
465. René Char & Zao Wou-Ki	*Effilage du sac de jute.*
466. ***	*Poètes en partance.*
467. Sylvia Plath	*Ariel.*
468. André du Bouchet	*Ici en deux.*
469. L.G Damas	*Black-Label* et autres poèmes.
470. Philippe Jaccottet	*L'encre serait de l'ombre.*
471. ***	*Mon beau navire ô ma mémoire* Un siècle de poésie française. Gallimard 1911-2011.
472. ***	*Éros émerveillé.* Anthologie de la poésie érotique française.
473. William Cliff	*America* suivi de *En Orient.*
474. Rafael Alberti	*Marin à terre* suivi de *L'Amante* et de *L'Aube de la giroflée.*
475. ***	*Il pleut des étoiles dans notre lit.* Cinq poètes du Grand Nord
476. Pier Paolo Pasolini	*Sonnets.*
477. Thomas Hardy	*Poèmes du Wessex* et autres poèmes.
478. Michel Deguy	*Comme si Comme ça.* Poèmes 1980-2007.
479. Kabîr	*La Flûte de l'Infini.*
480. Dante Alighieri	*La Comédie.* Enfer – Purgatoire – Paradis.
481. William Blake	*Le Mariage du Ciel et de l'Enfer* et autres poèmes.
482. Paul Verlaine	*Cellulairement* suivi de *Mes Prisons.*
483. ***	*Poèmes à dire.* Une anthologie de poésie contemporaine francophone.
484. ***	*Je voudrais tant que tu te souviennes.* Poèmes mis en chansons de Rutebeuf à Boris Vian.
485. Pablo Neruda	*Vaguedivague.*
486. Robert Desnos	*Contrée* suivi de *Calixto.*

Ce volume,
le quatre cent trente-neuvième
de la collection Poésie,
a été achevé d'imprimer sur les presses
de CPI Bussière à Saint-Amand (Cher),
le 27 janvier 2014.
Dépôt légal : janvier 2014.
1er dépôt légal dans la collection : janvier 2008.
Numéro d'imprimeur : 2007714.

ISBN 978-2-07-034982-1./Imprimé en France.